Lucile Charliac
professeur de linguistique appliquée
aux Cours de Civilisation Française
de la Sorbonne

Annie-Claude Motron

appliquée
Française

Phonétique
progressive
du Français

avec 600 exercices

CLE
INTERNATIONAL

Les auteurs tiennent à remercier
tout particulièrement Monsieur Jacques Filliolet
qui a encouragé et soutenu leurs recherches,
ainsi que Monsieur Jean Feuillet pour ses remarques critiques.

Édition : Martine Ollivier
Couverture et maquette intérieure : Évelyn Audureau
Illustrations : Crayonne / J. Digout
Mise en pages : Atelier Double B

© CLE International 1998 – ISBN : 209033880-6
© CLE International / VUEF - 2001
© CLE International / SEJER - 2004

AVANT-PROPOS

■ La **Phonétique progressive du français** s'adresse à des étudiants et adolescents non francophones, du niveau faux **débutant** au niveau **avancé** et tente, grâce à une approche vivante et pratique, d'encourager l'étude de la phonétique, trop souvent jugée ennuyeuse.

Cet ouvrage peut s'utiliser en complément d'une méthode de langue, ou plus ponctuellement pour étudier une difficulté particulière. Il peut également servir de guide d'auto-apprentissage. Ce n'est pas un ouvrage de phonétique théorique et les explications données en début d'ouvrage (**Spécificités du français oral**) et au début de chaque chapitre visent à être comprises d'un public non francophone et non spécialiste.

• Ce manuel est composé de sept chapitres correspondant aux divisions traditionnelles des sons du français. Ils sont introduits par quelques explications spécifiques et par des exercices enregistrés d'**Écoute et Discrimination**. L'apprenant est invité à répéter l'Écoute puis à faire les exercices de Discrimination afin de mieux cerner les difficultés ; les réponses figurent dans les corrigés.

• Les chapitres comportent des unités de travail autonomes qui présentent les sons deux par deux afin de remédier aux confusions les plus fréquentes et les plus importantes pour la communication.

• Les unités présentent en opposition les sons étudiés introduits par des citations, aussi variées que possible, d'auteurs francophones du Moyen Âge à nos jours ; puis elles proposent des exercices répartis en trois niveaux, ce qui permet un enrichissement progressif des acquis; les niveaux sont indiqués par un symbole spécifique : ★ (niveau débutant); ★★ (niveau intermédiaire); ★★★ (niveau avancé).

Chaque niveau se compose d'exercices de répétition puis d'exercices sous formes de dialogues à deux tours, le plus souvent suivis d'une « récréation » qui propose une approche plus ludique : *Lecture, Écriture* (travail sur le vocabulaire ou la civilisation, atelier d'écriture) correspondant au niveau de difficulté.

Les vrais débutants ne feront, dans un premier temps, que les exercices de répétition de niveau 1. Les autres étudiants commenceront systématiquement par les exercices les plus faciles.

■ **Dans une visée pédagogique et généralisante**, quelques simplifications se sont imposées :

– la présentation de l'articulation des sons met en évidence les traits distinctifs à l'aide d'indications synthétiques et de schémas clairs;

– quelques graphies rares ont été écartées;

– les liaisons éventuellement réalisables en diction poétique ont été présentées comme impossibles, les liaisons signalées comme facultatives sont réalisables en style soutenu;

– certaines séquences de / ə / ont été présentées comme figées afin de maintenir l'opposition pertinente dans le cadre de la leçon;

– les intonations, dont le fonctionnement très complexe a été présenté aussi synthétiquement que possible en début d'ouvrage, sont contextualisées dans les exercices, ce qui encourage leur apprentissage par l'imitation.

■ **Dans une visée communicative**, les phrases des exercices se situent en style naturel et on signale, dans la mesure du possible, les variations éventuelles dues à un changement de style. De nombreuses expressions caractéristiques de l'oral sont introduites afin de replacer les phrases dans un contexte vivant correspondant à la réalité des Français.

■ **En complément des exercices**

• **Avant de commencer** permet à l'étudiant d'aborder les unités dans un ordre de priorité variable en fonction des difficultés principales liées à sa langue maternelle.

• Le **lexique** (signalé par 📖) présente, dans l'acception choisie ici, les expressions les plus difficiles à comprendre et à trouver dans un dictionnaire traditionnel ; l'astérisque * signale les mots ou expressions qui relèvent d'un style plus familier d'après le *Nouveau Petit Robert*, édition 1994.

• L'**index** permet de retrouver les notions phonétiques, les notions grammaticales, certains mots dont la prononciation pose des problèmes spécifiques, les auteurs cités, etc.

• Les **corrigés** et **textes des enregistrements** des exercices se trouvent dans le livret placé à l'intérieur de l'ouvrage.

■ **Descriptif d'une unité de travail**

L'OPPOSITION ÉTUDIÉE	LES EXERCICES
une ou deux citations présentent la difficulté	À chacun des trois niveaux : ★ débutant / faux-débutant ★★ intermédiaire ★★★ avancé
♪ Un encadré explique la prononciation de chacun des sons étudiés.	🔊 **Des exercices de répétition** *Répétez*
Références aux autres leçons où le même son est étudié.	🔊 **Des exercices de dialogue** A : B : _____ A : B : _____ A : B : _____ A : B : _____
✏ Un encadré montre les graphies principales de chacun des sons étudiés.	**Des exercices complémentaires** ÉCRITURE LECTURE

SOMMAIRE

AVANT DE COMMENCER	7
SYMBOLES UTILISÉS	10
SPÉCIFICITÉS DU FRANÇAIS ORAL	11
LA PRONONCIATION ET L'ORTHOGRAPHE	11
LES SYLLABES DU MOT	12
L'égalité syllabique	12
La syllabe accentuée dans le mot	13
La désaccentuation	13
LA CONTINUITÉ	14
L'enchaînement vocalique	14
L'enchaînement consonantique	15
La liaison	16
LA CHUTE DU / ə /	18
Les consonnes géminées	19
L'assimilation	19
LA PHRASE ET L'INTONATION	20
LES STYLES	21
LES VOYELLES	22
Alphabet phonétique des voyelles	23
I - LES VOYELLES ORALES SIMPLES	24
ÉCOUTE et DISCRIMINATION	25
❶ prix - pré / i / - / e /	26
❷ il - elle / i / - / ɛ /	28
❸ parlait - parlé / ɛ / - / e /	30
❹ les - la / e / - / a /	34
❺ notre - nôtre / ɔ / - / o /	36
❻ faux - fou / o / - / u /	40
II - LES VOYELLES ORALES COMPOSÉES	44
ÉCOUTE et DISCRIMINATION	45
❼ vie - vue / i / - / y /	46
❽ roue - rue / u / - / y /	50
❾ du - deux / y / - / ø /	54
❿ chevaux - cheveux / o / - / ø /	58
⓫ douzième - deuxième / u / - / ø /	62
⓬ œufs - œuf / ø / - / œ /	66
⓭ les - le / e / - / ə /	70
⓮ j'ai - je / e / - / ə /	74
⓯ la - le / a / - / ə /	78

III - LES VOYELLES NASALES 82
ÉCOUTE et DISCRIMINATION 83
- ⑯ *lait - lin* / ɛ / - / ɛ̃ / 84
- ⑰ *plat - plan* / a / - / ã / 88
- ⑱ *beau - bon* / o / - / õ / 92
- ⑲ *une - un* / yn / - / œ̃ / 96
- ⑳ *cinq - cent* / ɛ̃ / - / ã / 100
- ㉑ *long - lent* / õ / - / ã / 104
- ㉒ *frein - franc - front* / ɛ̃ / - / ã / - / õ / 108

LES CONSONNES 112

ALPHABET PHONÉTIQUE DES CONSONNES 113

IV - LES CONSONNES OCCLUSIVES 114
ÉCOUTE et DISCRIMINATION 115
- ㉓ *port - bord* / p / - / b / 116
- ㉔ *tes - des* / t / - / d / 120
- ㉕ *cou - goût* / k / - / g / 124
- ㉖ *tape - tâte - tac* 128

V - LES CONSONNES CONSTRICTIVES 132
ÉCOUTE et DISCRIMINATION 133
- ㉗ *fer - ver* / f / - / v / 134
- ㉘ *poisson - poison* / s / - / z / 138
- ㉙ *les cieux - les yeux* / sj / - / zj / 142
- ㉚ *chou - joue* / ʃ / - / ʒ / 144
- ㉛ *soie - choix* / s / - / ʃ / 148
- ㉜ *les œufs - les jeux* / z / - / ʒ / 150
- ㉝ *excellent - examen* / ks / - / gz / 152
- ㉞ *boire - voir* / b / - / v / 154

VI - LES CONSONNES SONANTES 158
ÉCOUTE et DISCRIMINATION 159
- ㉟ *sème - Seine - saigne* / m / - / n / - / ɲ / 160
- ㊱ *bas - bar   paquet - parquet* / R / final et / R / devant consonne 164
- ㊲ *barré - craie* / R / intervocalique et / R / en groupe consonantique 168
- ㊳ *bas - bal* / l / 172
- ㊴ *lit - riz* / l / - / R / 176

LES SEMI-VOYELLES ou SEMI-CONSONNES 178

VII - LES SEMI-VOYELLES OU SEMI-CONSONNES 178
ÉCOUTE et DISCRIMINATION 179
- ㊵ *Louis - lui* / w / - / ɥ / 180
- ㊶ *bas - bail - bailler* / j / 184

LEXIQUE 188

INDEX 190

AVANT DE COMMENCER

En fonction de votre langue maternelle, vous pouvez vous aider des conseils ci-dessous pour choisir les leçons les plus intéressantes pour vous.

Vous trouverez les mots en italique dans l'**Index** p. 190 et leur explication à la page indiquée en gras. Exemple : *enchaînement consonantique* . . . p. **15**.

Les signes / / contiennent des symboles phonétiques, et le **Sommaire** p. 5 vous indique les pages où les sons correspondants sont expliqués et étudiés.

Exemple : / y /   vie - vue / i / / y / . . . . p. 46,
         roue - rue / u / / y / . . . . p. 50,
         du - deux / y / / ø / . . . . p. 54,
         une - un / yn / / œ̃ / . . . . p. 96.

■ LANGUES GERMANIQUES

• **allemand** : difficultés sur l'*enchaînement consonantique*, l'*enchaînement vocalique* et les *intonations*.

Travailler particulièrement :
– les *voyelles orales composées*, surtout le / y / et le / ə / ; les deux *voyelles nasales* / ɑ̃ / et / õ / ;
– les *consonnes occlusives* en finale ; les *consonnes constrictives sonores* / z /, / ʒ / et / v / ;
– le / R / devant consonne ;
– les *semi-consonnes*.

• **anglais** : difficultés sur l'*enchaînement consonantique*, l'*enchaînement vocalique* et l'*égalité syllabique*.

Travailler particulièrement :
– toutes les *voyelles*, surtout les *voyelles orales composées* et le / ə / ; la *dénasalisation* ;
– les *consonnes occlusives* finales ; les *consonnes constrictives sonores* / z /, / ʒ / et / v / finales ;
– le / R / ;
– les *semi-consonnes*.
Les Américains feront attention à ne pas diphtonguer les voyelles.

• **néerlandais** : les mêmes difficultés que celles de l'allemand ;
– insister sur les *consonnes constrictives* / s - ʃ /, / z - ʒ / et / sj - zj /.

• **langues nordiques** (scandinaves) — **danois, islandais, norvégien, suédois…** : difficultés sur l'*enchaînement consonantique*, l'*enchaînement vocalique* et les *intonations*.

Travailler particulièrement :
– les *voyelles orales composées* ;
– les *consonnes sonores* / b /, / d /, / g /, / z /, / ʒ / et / v / ;
– le / R / devant consonne ;
– les *semi-consonnes*.
Les Suédois feront attention à l'*égalité syllabique* et à la *désaccentuation*.
Les Islandais insisteront sur les *consonnes constrictives* / s - ʃ / et / z - ʒ /.

■ LANGUES ROMANES

• **espagnol** : tendance à prononcer les mots tels qu'ils s'écrivent.

Travailler particulièrement :
– toutes les *voyelles orales* et surtout le / ə /, ainsi que les *voyelles nasales* (ne pas prononcer de consonne / n / après une *voyelle nasale*) ;
– les *consonnes constrictives* ;

sept • 7

– / b - v / ; les groupes / ks - gz / ; ne pas ajouter de voyelle devant les suites de consonnes ;
– le / R / ;
– les *semi-consonnes*.

• **italien, roumain** : difficultés sur les *intonations*.
Travailler particulièrement :
– les *voyelles orales composées* et surtout le / ə / ; les *voyelles nasales* ; ne pas ajouter de / ə / en fin de mot ;
– les groupes / ks - gz / ; ne pas prononcer / z / la lettre « s » devant une *consonne nasale* ;
– le / R / ;
– les *semi-consonnes*.

• **portugais** : les mêmes difficultés que celles des autres langues romanes ;
– insister sur les *voyelles nasales* et surtout le / ɛ̃ /.
Les Brésiliens feront attention à la prononciation de / t - d / et du / R /.

■ Langues slaves

• **polonais, tchèque...** : difficultés sur l'*égalité syllabique* et la *désaccentuation*.
Travailler particulièrement :
– toutes les *voyelles*, surtout les *voyelles orales composées*, principalement le / ə / et les *voyelles nasales* ;
– les *consonnes sonores* finales / b /, / d /, / g /, / z /, / ʒ / et / v / ;
– le / R / ;
– les *semi-consonnes*.

• **serbo-croate, russe...** : les mêmes difficultés que celles des autres langues slaves ;
– ne pas confondre la prononciation de certaines lettres de l'alphabet cyrillique avec celle des lettres de l'alphabet latin ;
– ne pas prononcer de consonne / n / après une *voyelle nasale*.
Les Russes feront attention à ne pas ajouter de / j / devant le / u / et insisteront sur le / R /.

■ Autres langues

• **arabe** : difficultés sur l'*enchaînement consonantique* et l'*enchaînement vocalique*, l'*égalité syllabique* et les *intonations*.
Travailler particulièrement :
– toutes les *voyelles*, particulièrement / i - e /, / e - a / et / i - y / ;
– les *consonnes occlusives sonores* / b /, / d / et / g / et les *consonnes constrictives sonores* / z /, / ʒ / et / v / ;
– / p - b / ;
– le / R / ;
– ne pas prononcer les « h » muets ;
– les *semi-consonnes*.

• **chinois** (mandarin, cantonais...) : difficultés sur l'*enchaînement consonantique* et l'*enchaînement vocalique*, l'*égalité syllabique*, la *désaccentuation* et les *intonations*.
Travailler particulièrement :
– la différence entre *voyelles orales* et *voyelles nasales* ;
– toutes les *consonnes*, surtout les *consonnes occlusives* et les suites de *consonnes*.

• **coréen** : difficultés sur l'*enchaînement consonantique* et l'*enchaînement vocalique*, l'*égalité syllabique* et la *désaccentuation*.
Travailler particulièrement :
– toutes les *voyelles* et surtout le / y / ; ne pas ajouter de / ə / en fin de mot ;
– les *consonnes constrictives* ;

– / b - v / ;
– le / R / ;
– les *semi-consonnes*.

• **farsi** (persan) : difficultés sur les *intonations*.
Travailler particulièrement :
– toutes les *voyelles* et surtout / o - ø / ;
– les *consonnes occlusives sonores* / b /, / d / et / g / finales, et les *consonnes constrictives sonores* / z /, / ʒ / et / v / finales ;
– le / R / en *groupe consonantique* (ne pas ajouter de voyelle entre la consonne et le / R /) ;
– les *semi-consonnes*, surtout le / w /.

• **finnois** : tendance à prononcer les mots tels qu'ils s'écrivent ; difficultés sur l'*enchaînement consonantique*, l'*enchaînement vocalique* et les *intonations*.
Travailler particulièrement :
– les *voyelles orales composées* et surtout le / ə / ;
– les *consonnes occlusives sonores* / b /, / d / et / g / finales ;
– les *consonnes constrictives sonores* / z /, / ʒ / et / v / et la différence / s - ʃ / et / z - ʒ / ;
– le / R /.

• **grec** : difficultés sur les *intonations*.
Travailler particulièrement :
– toutes les *voyelles*, surtout le / ə / et la différence / e - ɛ / ; les *voyelles orales composées* ;
– les *consonnes occlusives* / b /, / d / et / g / finales ;
– les *consonnes constrictives* finales et la différence / s - ʃ / et / z - ʒ / ;
– le / R / ;
– les *semi-consonnes*.

• **hébreu** : difficultés sur l'*enchaînement consonantique* et l'*enchaînement vocalique*, l'*égalité syllabique*, la *désaccentuation* et les *intonations*.
Travailler particulièrement :
– toutes les *voyelles* et plus particulièrement le / ə / ;
– les suites de *consonnes* ;
– le / R / ;
– les *semi-consonnes*.

• **hongrois** : difficultés sur les *intonations*.
Travailler particulièrement :
– les *voyelles composées* et surtout le / ə /.

• **japonais** : difficultés sur l'*enchaînement consonantique* et l'*enchaînement vocalique*, l'*égalité syllabique* et la *désaccentuation*.
Travailler particulièrement :
– toutes les *voyelles* ; ne pas ajouter de / ə / en fin de mot ;
– toutes les *consonnes* finales et surtout les suites de *consonnes* ;
– / b - v / et / l - R /.

• **turc** : tendance à prononcer les mots tels qu'ils s'écrivent ; difficultés sur l'*enchaînement consonantique* et l'*enchaînement vocalique*.
Travailler particulièrement :
– les *voyelles* qui ne doivent pas être modifiées par celle qui suit (harmonie vocalique) ;
– les suites de *consonnes*, surtout en début de mot ;
– le / R /.

Si votre langue ne figure pas dans cette liste, faites les exercices **Écoute et discrimination** p. 25, 45, 83, 115, 133, 159 et 179. Quand l'un des exercices vous semble plus difficile, étudiez la leçon correspondante.

N'hésitez pas à vous reporter aux pages 11 à 21 (**Spécificités du français oral**) pour mieux comprendre les consignes de chaque exercice.

SYMBOLES UTILISÉS

| 🔲 | ÉCOUTER ET RÉPÉTER |
| 🔲 | ÉCOUTER LE MODÈLE, PUIS FAIRE L'EXERCICE SUR CE MODÈLE |

★   Niveau 1 (débutant - faux débutant)
★★   Niveau 2 (intermédiaire)
★★★   Niveau 3 (avancé)

⚠   Difficultés particulières
*   Indique un mot ou une expression qui appartient à un style plus familier
📄   Indique un mot ou une expression qui figure dans le lexique final

⌐   Enchaînement consonantique
‿   Liaison
⌢   Enchaînement vocalique
∅   Non prononcé
—   Groupe rythmique

/ / ou [ ] contiennent des symboles de l'alphabet phonétique international :

⚠   • Certains symboles phonétiques ressemblent à des lettres :

       / paʀ / est la transcription phonétique de *par*

• D'autres symboles phonétiques sont plus difficiles à reconnaître :

       / ʒə / est la transcription phonétique de *je*

• D'autres symboles phonétiques peuvent être confondus avec des lettres de l'alphabet :

       / kuzy / est la transcription phonétique de *cousu*

SPÉCIFICITÉS DU FRANÇAIS ORAL

La prononciation du français est caractérisée par une forte tension, une antériorité des voyelles et une grande richesse consonantique. On peut compter :

– 16 voyelles (voir p. 23 et suivantes), dont une voyelle au comportement difficile à assimiler (le / ə / instable, voir p. 18) et 4 voyelles nasales (voir p. 82 et suivantes) ;

– 17 consonnes (voir p. 113 et suivantes) ;

– 3 semi-consonnes (voir p. 179 et suivantes).

Le schéma rythmique se caractérise par l'égalité syllabique (voir p. 12) et par un rapport étroit entre le groupe grammatical et l'unité accentuelle (voir p. 13) ; la désaccentuation du mot au sein du groupe (voir p. 13) rajoute au caractère continu, « lié » du français parlé.

Le français parlé se caractérise aussi par une grande cohésion des mots dans la chaîne : un mot commençant par une voyelle n'est pas détaché du mot qui le précède dans la phrase ; une syllabe peut ainsi se former à la limite de deux mots (sur les phénomènes de continuité entre les mots, voir p.14 à 17).

L'intonation, corrélée au schéma rythmique, fait l'objet de nombreuses variations individuelles : elle repose toutefois sur des schémas tout à fait généraux (voir p. 20) qu'on retrouve dans les autres langues.

LA PRONONCIATION ET L'ORTHOGRAPHE

L'orthographe des mots se caractérise, entre autres, par l'existence de lettres « muettes », c'est-à-dire de lettres finales non prononcées.

    1 : *Le secrétair(e) sembl(e) étonné.*

    2 : *La secrétair(e) sembl(e) étonné(e).*

    3 : *Les secrétair(es) sembl(ent) étonné(es).*

Dans ces trois exemples, quelle que soit la lettre finale de « secrétaire(s) », ce mot se prononce toujours de la même façon.

Dans ces trois exemples, quelle que soit la lettre finale de « étonné(e)(s) », ce mot se prononce toujours de la même façon.

Dans les exemples 1 et 2, le « e » final du verbe « semble » n'est pas prononcé, et dans l'exemple 3, le « nt » du pluriel n'est pas non plus prononcé.

Dans ces trois exemples, quelle(s) que soi(en)t la (les) lettre(s) finale(s) de « semble(nt) », ce mot se prononce toujours de la même façon.

LES SYLLABES DU MOT

> Comme dans beaucoup d'autres langues, le nombre de syllabes correspond toujours, à l'oral, au nombre de voyelles.

En français, on ne prononce pas toutes les voyelles écrites : il y a donc moins de syllabes prononcées que de syllabes écrites.

b*a*rbu = 2 syllabes   b*a*rbé = 1 syllabe

Dans la syllabe, la voyelle peut n'être précédée :
– d'aucune consonne :   *Ah !*
– elle peut également être précédée d'une consonne :   *Tu*
– ou d'une consonne + une semi-consonne[1] :   *vieux   lui   Louis*
– ou de deux consonnes :   *plus   très   psy*
– ou de deux consonnes, à condition que la deuxième soit un / l / ou un / R / (et forme ainsi un groupe consonantique)[2] + une semi-consonne (/ ɥ / ou / w /) :   *trois   pluie.*

Toutes les syllabes qui se terminent avec une voyelle s'appellent « syllabe ouverte ».
Toutes les syllabes peuvent comporter une consonne finale ou plus ; on les appelle alors « syllabes fermées » :

art   coule   cuite   plaire   croire
entre   verte   croître   spectre

■ L'ÉGALITÉ SYLLABIQUE

> Toutes les syllabes à l'intérieur d'un mot ont la même durée. C'est le principe de **l'égalité syllabique**.

---

1. La lecture poétique impose parfois une diérèse, c'est-à-dire une dissociation entre une semi-consonne et la voyelle qui la suit ; on prononce alors deux syllabes au lieu d'une seule.

   *La j*ou*issance ajoute au désir de la force*   Charles Baudelaire (1821-1867), *Le Voyage.*

   Je rêve de vers doux (…)
   De vers d'une ancienne étoffe, exténuée   Albert Samain (1858-1900), *Au jardin de l'Infante.*

2. Un groupe consonantique + / j / forment deux syllabes, c'est une diérèse :   *triomphe   plier.*

■ LA SYLLABE ACCENTUÉE DANS LE MOT[3]

> Le mot est en principe **accentué sur la dernière syllabe**.

Monsie̅ur   brav̅o   paëll̅a

Les syllabes sur lesquelles porte l'accent sont plus longues (plutôt que plus fortes) que les autres :

> L'accent[4] est un accent de durée plutôt que d'intensité.

■ LA DÉSACCENTUATION

> Le mot doit être **désaccentué** s'il n'est pas à la fin d'un groupe syntaxique : on parle ainsi d'accent de groupe syntaxique.

On distingue trois types de groupes syntaxiques majeurs, qui sont aussi des unités de sens.
- Groupe nominal :   *le petit cahier d'exercices*
- Groupe verbal :   *cessera d'être en vente*
- Groupe prépositionnel : *au début de l'année*

La phrase composée des trois groupes syntaxiques majeurs ci-dessous a donc trois accents principaux :

Le petit cahier d'exerci̅ces cessera d'être en ve̅nte au début de l'anné̅e.

Les mots-outils (articles et adjectifs antéposés, pronoms personnels, prépositions, conjonctions,...) qui se rencontrent à l'intérieur du groupe syntaxique sont **totalement désaccentués**.

Les autres mots internes au groupe sont **partiellement désaccentués** (•) : les noms « *cahier* » dans le groupe nominal et « *début* » dans le groupe prépositionnel ainsi que le verbe « *cessera* » dans le groupe verbal perdent leur accent dans un discours prononcé à vitesse normale :

Le petit cah•ier d'exerci̅ces cess•era d'être en ve̅nte au déb•ut de l'anné̅e.

---

3. Il s'agit de l'accent tonique et non de l'accent orthographique (aigu, grave ou circonflexe).

4. Il ne faut pas confondre l'accent ordinaire et l'accent d'insistance ou didactique qui marque le début des mots que l'on veut mettre en valeur :   *C'est **p**assionnant !*

LA CONTINUITÉ

En français oral, on a tendance à attacher les mots les uns aux autres, de telle sorte qu'on ne retrouve pas le découpage graphique entre les mots.

■ L'ENCHAÎNEMENT VOCALIQUE

Le français est caractérisé par une majorité de syllabes terminées par une voyelle (syllabes ouvertes).

> Si, dans la prononciation, un mot finit par une voyelle et que le mot suivant commence par une voyelle, on tend à passer d'une voyelle à l'autre sans interruption de la voix.
> C'est **l'enchaînement vocalique**.
>
> *L'associé accepte.*

L'associée accepte.   *Les associés acceptent.*

Dans ces deux exemples, la voyelle que l'on enchaîne (le « é ») est suivie d'une lettre non prononcée (le « e » du féminin ou le « s » du pluriel) et l'enchaînement vocalique est le même que dans :

L'associé accepte.

- Il peut y avoir un enchaînement vocalique entre deux voyelles identiques, ce qui représente une difficulté particulière de réalisation et de perception. Dans ce cas, on tend à utiliser une modulation du ton entre les deux voyelles :

    Votre associé étudie le projet ?

- Il n'y a pas de limite a priori au nombre d'enchaînements vocaliques dans la phrase :

    Tu as eu une idée brillante !

- Les enchaînements vocaliques se font à l'intérieur du groupe syntaxique et entre groupes syntaxiques :

    Un vent violent a abîmé un bâtiment en construction.

L'ENCHAÎNEMENT CONSONANTIQUE

> Si, dans la prononciation, un mot finit par une consonne, et que le mot suivant commence par une voyelle, on tend à former une même syllabe avec ces deux sons.
> C'est **l'enchaînement consonantique**.
>
> *Le mu**r est** mouillé.*

*La te**rre est** mouillée.*   *Il se**rt un** café.*

Dans ces deux exemples, la consonne que l'on enchaîne (le « r ») est suivie d'une lettre non prononcée (le « e » final de « *terre* » ou le « t » final de « *sert* ») et l'enchaînement consonantique est le même que dans :

*Le mu**r est** mouillé.*

• Si un mot se termine par deux consonnes prononcées, l'enchaînement se fait avec la deuxième des deux consonnes :

*J'accep**te i**mmédiatement.*

• Si les deux consonnes forment groupe (la deuxième consonne est « *r* » ou « *l* »), l'enchaînement se fait avec les deux consonnes :

*Ce li**vre est** passionnant !*

• Il n'y a pas de limite a priori au nombre d'enchaînements consonantiques dans la phrase :

*Jean**ne en**tre avec u**ne a**mie.*

• Les enchaînements consonantiques se font à l'intérieur des groupes syntaxiques et entre groupes syntaxiques :

*Achè**te u**ne cafetiè**re é**lectri**que au** supermarché !*

⚠ Il ne faut pas confondre l'enchaînement consonantique et la liaison.

Dans le cas de l'enchaînement consonantique, la consonne enchaînée n'est jamais muette : elle est prononcée devant une autre consonne ou devant une pause :

*I**l a**rrive.*   *I**l** part.*   *Part-i**l** ?*

À la différence de la liaison (voir p. 16), l'enchaînement consonantique est toujours obligatoire.

■ LA LIAISON

En français oral, de nombreuses consonnes finales de mots sont muettes (voir p. 11).

> Certaines consonnes finales de mot peuvent, dans certains cas, être prononcées avec la voyelle initiale du mot qui suit.
> C'est la **liaison**.
>
> *Ils‿arrivent.*

La présence ou l'absence de liaison dépend le plus souvent du degré de cohésion lexicale et/ou syntaxique — et par conséquent accentuelle — entre les mots.

- **La liaison est obligatoire**[5] lorsque cette cohésion est maximale, c'est-à-dire :

  1. à l'intérieur des mots composés, des groupes figés :

  Les‿États-Unis.   *De plus‿en plus.*

  2. à l'intérieur du groupe nominal, avant le nom :
  – entre le nom et les prépositions, déterminants, adjectifs qui le précèdent :

  Chez‿Alice.   *Des‿idées.*   *D'autres‿idées.*

  – entre les prépositions, déterminants, adjectifs qui précèdent le nom :

  Chez‿un‿excellent copain.

  3. entre l'adjectif et l'adverbe monosyllabique qui le détermine :

  Très‿intéressant.

  4. à l'intérieur du groupe verbal, avant le verbe :
  – entre le verbe, les pronoms et les subordonnants qui le précèdent,

  Ils‿arrivent.   *Il est très‿apprécié.*

  – entre les subordonnants et les pronoms qui précèdent le verbe :

  Quand‿ils‿en‿étaient contents…

  5. entre le pronom inversé et le verbe :

  Prends-en !   *Arrivent-ils ?*

  6. entre le verbe « *être* » ou « *avoir* » à la troisième personne et l'expression qu'il introduit :

  Elle est‿amusante.   *Ils sont‿heureux.*
  Ils ont‿accepté.   *Ils sont‿entrés.*
  C'est‿un ami.   *C'est‿intéressant.*

---

5. Certaines liaisons, présentées ici comme obligatoires par souci de clarté pédagogique, ne sont pas réalisées par tous les locuteurs (en particulier les liaisons **6** ci-dessus). Voir aussi les styles p. 21.

- **La liaison est** généralement **impossible** entre un mot accentué et le mot suivant.
Elle n'est donc normalement pas réalisée[6] :

   1. entre groupes différents :
   > Le temps est beau.   L'un ou l'autre.
   > Louis et Paul.   Deux au moins.

   2. à l'intérieur d'un groupe, avec un mot accentué :
   – avec un nom au singulier[7] :
   > Du chocolat amer.

   – avec un verbe ordinaire[8] :
   > Je bois un peu d'eau.   Il prend un parapluie.

   – avec une séquence verbe-pronom inversé :
   > Va-t-on accepter ?   Prends-en assez !

   3. Remarque : la liaison est également impossible avec les mots suivants :

   – « et », « selon », « sinon » :
   > Mon frère et une amie.   Selon un spécialiste,…

   – les adverbes polysyllabiques et interrogatifs :
   > Vraiment intéressant.   Quand irez-vous à Paris ?

   – les mots commençant par h « aspiré »[9] : le « h aspiré » ne se prononce pas mais modifie la nature de l'enchaînement avec le mot qui précède[10]. La liaison est alors impossible et remplacée par un enchaînement vocalique.
   > Les Halles.   Un héros.   En haut.

   > J'ai pris ma vie en haine, et ma flamme en horreur.
   >   (Jean Racine, 1639-1699), *Phèdre* (Acte I, scène 3).

- Il existe un troisième type de liaison dont la réalisation dépend du style de communication.

  La liaison facultative tend à être réalisée dans les discours plus soutenus (voir p. 21).

  C'est ainsi que les deux phrases suivantes peuvent s'entendre dans la bouche d'un même locuteur :

Vous avez obtenu.	Vous avez obtenu.
Ils deviennent indiscrets.	Ils deviennent indiscrets.
Il jonglait en parlant.	Il jonglait en parlant.
Eux aussi.	Eux aussi.
Deux ou trois.	Deux ou trois.
Pas avant.	Pas avant.

  La première dans une situation soutenue, la deuxième dans une situation moins formelle.

---

6. Lorsque la liaison n'est pas réalisée, elle est remplacée par un enchaînement vocalique ou consonantique selon les cas.
7. Certaines liaisons avec un nom au pluriel peuvent s'entendre en style soutenu, en diction littéraire, en lecture poétique ou dans les chansons.
8. Sauf « *être* », « *avoir* » et les semi-auxiliaires (voir p. 16 et 21). La liaison avec un verbe au pluriel peut s'entendre dans un style plus soutenu.
9. Pour savoir si le « h » est « aspiré », on doit consulter le dictionnaire.
10. Les adjectifs numéraux ordinaux « *un* », « *une* » et « *onze* » se comportent comme s'ils commençaient par un « h aspiré ».

LA CHUTE DU / ə /

> La voyelle / ə / non accentuée, qui correspond le plus souvent à la lettre « e » à la fin de la syllabe écrite, peut, dans certains cas, ne pas être prononcée[11]. On parle alors de « **chute du / ə /** ».

La chute ou le maintien du / ə / atone (non accentué) dépendent de la position du / ə / dans la phrase et de son environnement phonétique précis :

- **en fin de phrase**, devant la pause, le / ə / tombe toujours :

    Les voyages forment la jeunesse.

- **en début de phrase**, le / ə / suivi d'une consonne est en général prononcé :

    Le travail, c'est la santé.

Exceptions : le / ə / de « je » et de « ce » peuvent ne pas être prononcés :

   Je viens d'arriver.   ou   *Je viens d'arriver*.*

   Ce n'est pas grave !   ou   *Ce n'est pas grave !**

- **à l'intérieur de la phrase**, on considère que le maintien ou la chute du / ə / suivi d'une consonne (même une consonne de liaison) dépendent du nombre de consonnes prononcées qui le précèdent.

— Le / ə / tombe en général après une seule consonne prononcée :

   Nous reviendrons le vingt-cinq janvier.   *Les mêmes idées.*

— Le / ə / est en général maintenu après deux consonnes prononcées (ou plus) :

   Ils reviennent le vingt-cinq janvier.   *D'autres idées.*

Cette règle peut se schématiser de la façon suivante :

> C ə C   C C ə C

Cette règle s'applique également à la plupart des séquences de / ə / :

   Il ne te le demandera pas.   *Tu sais ce que le repas m'a coûté !*

— Devant une voyelle, le / ə / tombe toujours ; on parle alors d'**élision**. Cette élision apparaît dans l'orthographe des mots monosyllabiques (*ce, de, je, le, me, ne, te, se, que* et ses composés). Le « e » de ces mots est remplacé par une apostrophe[12] :

   c'est beau   *plus d'une fois*   *j'ose*   *l'ami*   *il m'aide*

L'élision du « e » de « je » et de « ce » n'apparaît pas à l'écrit dans les inversions interrogatives :

   Suis-je attendu ?   *Est-ce ainsi ?*

Remarque : – devant « h aspiré », le / ə / est prononcé : *Il se hâte. Le haut.*[13]

   – le / ə / tonique est toujours prononcé : *Fais-le à la cocotte ! Parce que !*

---

11. Cette voyelle s'appelle, selon les ouvrages, « e caduc », « e muet » ou « e instable ».
12. Le « a » de « la », et le « i » de « si » (suivi de « il ») sont également élidés devant une voyelle :   *l'amie*   *s'il...*
13. Le « a » de « la » est également prononcé devant « h aspiré ».

18 • dix-huit

Ces principes généraux peuvent ne pas être respectés :

– en fonction du style (voir p. 21). En style familier, certains / ə / peuvent tomber, même précédés de deux consonnes ; en style plus soutenu, certains / ə / sont maintenus, même précédés d'une seule consonne ; en lecture poétique, tous les / ə / devant consonne sont maintenus ;

– en fonction de l'origine géographique du locuteur. Selon les régions, on entend soit plus de chutes du / ə / soit plus de / ə / prononcés.

■ LES CONSONNES GÉMINÉES

> Les consonnes géminées sont deux consonnes identiques mises en contact, qu'il faut prononcer toutes les deux.

– Consonnes géminées par juxtaposition : *Il lit.*
– Consonnes géminées par suite d'une chute du / ə / : *Tu le lis.*

Les consonnes doubles de l'orthographe se prononcent comme une seule consonne sauf sur certains mots, par hyper-correction :   *la grammaire   la pollution.*

■ L'ASSIMILATION

> Quand une consonne sourde[14] et une consonne sonore entrent en contact dans le mot ou dans la phrase, la consonne qui se trouve en deuxième position assimile la première (c'est-à-dire altère son caractère sourd ou sonore).

   Un médecin.

Le / s /, consonne sourde, assourdit le / d /, consonne sonore (ici, l'assimilation est un assourdissement ○).

   Dans ce bouquin.

Le / b /, consonne sonore, sonorise le / s /, consonne sourde (ici, l'assimilation est une sonorisation ou voisement v).

On peut considérer qu'il y a apparition de consonnes géminées dans les exemples suivants :

   Ils partent dans trois mois.   Le / d / sonorise le / t /.
   Une base solide.   Le / s / assourdit le / z /.

---

14. Consonne sourde, consonne sonore, voir p. 113.

LA PHRASE ET L'INTONATION

Chaque langue a une manière particulière de marquer l'intonation. La description des phénomènes intonatifs est extrêmement complexe car leur fonctionnement est susceptible de variations infinies.

> En français, l'intonation de base est associée au dernier accent de phrase.

On distingue en général trois intonations de phrase.

1. L'intonation assertive est caractérisée par une inflexion descendante finale :

    C'est difficile. ↘   *C'est difficile de s'exprimer en français.* ↘

2.1 L'intonation interrogative est toujours caractérisée par une inflexion montante finale s'il n'y a pas de structure syntaxique interrogative :

    C'est difficile ? ↗

L'intonation interrogative se réalise en général sur la fin de la partie essentielle. Dans ces exemples, elle est éventuellement réalisée sur « *difficile* » :

    C'est difficile ↗ *de s'exprimer en français ?*   *C'est difficile* ↗ *ou c'est facile ?*

2.2 Si l'interrogation est exprimée par la structure syntaxique, l'intonation finale est soit montante, soit descendante :

    Est-ce que tu viendras ? ↗   *Est-ce que tu viendras ?* ↘

Dans ce genre de structure comme dans le précédent, l'intonation interrogative se réalise, en général, sur la fin de la partie essentielle ; dans les exemples suivants, le sommet de la phrase est sur « *qui* » :

    Avec qui ↗ *viens-tu au cinéma ?*

    Avec qui ↗ *est-ce que tu viens au cinéma ?*

    Avec qui ↗ *tu viens au cinéma ?*

3. L'intonation exclamative ou impérative est caractérisée par une courbe nettement montante ou nettement descendante :

    Tout à fait d'accord !   *Taisez-vous !*

À ces trois intonations de phrase s'ajoute l'intonation spécifique au(x) groupe(s) interne(s) à la phrase, très liée au schéma accentuel.

4. Dans certains cas, un mot ou un groupe de mots peut être détaché en tête, au milieu ou en fin d'énoncé et en être séparé par une ou deux virgules. Il sera dit avec une intonation indépendante de l'intonation de phrase : **parenthèse haute**, **parenthèse basse**, **contraste** ou **écho**.

> Des variations individuelles (expressives ou affectives) peuvent intervenir sans modifier les intonations de base.

LES STYLES

Dans toutes les langues, la personne qui parle choisit de s'exprimer d'une manière plus ou moins recherchée en fonction de la relation qu'elle entretient avec son/ses auditeur(s). On parle alors d'un choix de « style ».

Dans la pédagogie du français, on distingue souvent trois styles :

– deux styles tout à fait opposés quant à leur degré de recherche (**soutenu** et **familier**); en général, la prononciation est plus précise et plus conforme à la forme orthographique en style soutenu qu'en style familier ;

– un style intermédiaire (**naturel**); le style naturel ne se situe pas au même point pour tous les locuteurs : de nombreux paramètres interviennent dans le jugement (l'âge, le niveau socio-culturel et la région d'origine en particulier).

Ces styles se reconnaissent

- par des choix de vocabulaire :

	bouquin*	est plus familier que	livre
ou	copain*	que	ami

- par des choix grammaticaux (les structures familières passant souvent pour « incorrectes » par rapport à la norme) :

	On est heureux.*	est plus familier que	Nous sommes heureux.
ou	Vous me relisez cette lettre ?*	que	Veuillez me relire cette lettre…
ou	C'est mes affaires.*	que	Ce sont mes affaires.
ou	Des jeunes enfants.*	que	De jeunes enfants.
ou	Redis-leur !*	que	Redis-le-leur !
ou	J'en sais rien !*	que	Je n'en sais rien !

- par des choix de prononciation :

– en style familier, on ne prononce pas certains sons toujours prononcés en style soutenu :

	Not' maison.*	est plus familier que	Notre maison.
ou	I' font des travaux.*	que	Ils font des travaux.
ou	T'as raison.*	que	Tu as raison.
ou	C'est d'jà fait.*	que	C'est déjà fait.
ou	Eh ben !*	que	Eh bien !

– par la présence ou l'absence de certaines liaisons facultatives : en style familier, on prononce moins de consonnes finales en liaison (voir p. 17).

	pas encore*	est plus familier que	pas encore
ou	Elles ont attendu.*	que	Elles ont attendu.
ou	Je suis étranger.*	que	Je suis étranger.
ou	Ils sont arrivés.*	que	Ils sont arrivés.
ou	Vous aussi.*	que	Vous aussi.

vingt et un • 21

LES VOYELLES

> Les voyelles sont des sons produits par la vibration des cordes vocales.

CARACTÉRISTIQUES DES VOYELLES FRANÇAISES

• **La tension articulatoire :**

Une voyelle est dite « tendue » si son articulation implique une tension particulière des muscles phonateurs. Par la notion de tension vocalique, on fait aussi référence au fait que les muscles restent bien en place lors de l'émission de la voyelle, qu'il n'y a pas diphtongaison.

• **L'antériorité du point d'articulation :**

Un grand nombre de voyelles sont articulées avec la masse de la langue en avant. Dans ces cas-là, l'antériorité est très marquée.

• **La labialisation :**

Les lèvres sont toujours très actives lors de l'articulation des voyelles.

ALPHABET PHONÉTIQUE DES VOYELLES

	16 voyelles		10 voyelles	
	Phonème		Archiphonème	
ORALES SIMPLES	/ i /	dit	/ i /	dit
	/ e /	dé	/ E /	les
	/ ɛ /	dès		
	/ a /	patte	/ A /	bateau
	/ ɑ /	pâte		
	/ ɔ /	dort	/ O /	chocolat
	/ o /	dos		
	/ u /	doux	/ u /	doux
ORALES COMPOSÉES	/ y /	du	/ y /	du
	/ ø /	deux	/ Œ /	déjeuner
	/ œ /	sœur		
	/ ə /	ce		
NASALES	/ œ̃ /	brun	/ Ẽ /	lundi
	/ ɛ̃ /	brin		
	/ ã /	blanc	/ ã /	blanc
	/ õ /	blond	/ õ /	blond

On considère que le système vocalique du français comporte au maximum seize voyelles et au minimum dix. En effet, selon les locuteurs et le style utilisé, un certain nombre de distinctions peuvent ne pas être réalisées :

– deux voyelles sont menacées :

　• le / ɑ / postérieur de « *pâte* » tend à ne plus être distingué du / a / antérieur de « *patte* » (voir p. 34) ;

　• le / œ̃ / de « *brun* » tend, dans certaines régions, à ne plus être distingué du / ɛ̃ / de « *brin* ». Cette voyelle est, en général, étudiée dans l'enseignement du français dans les pays étrangers (voir p. 96) ;

– trois autres oppositions, plus fréquentes, continuent à jouer un rôle distinctif. Néanmoins, dans certains contextes, chacune de ces oppositions disparaît au profit d'une voyelle intermédiaire ;

　• *jeune*　　*jeûne*　　/ œ / / ø / (voir p. 66) ;
　• *notre*　　*nôtre*　　/ ɔ / / o / (voir p. 36) ;
　• *dès*　　　*dé*　　　/ ɛ / / e / (voir p. 30).

Il existe, enfin, une voyelle au statut problématique : le / ə / qui a un statut acoustique instable puisque cette voyelle peut ne pas être prononcée dans certains environnements (voir p. 18).

I

LES VOYELLES ORALES SIMPLES

Les voyelles orales sont des sons pour lesquels l'air passe sans obstacle par la bouche.

Les voyelles orales simples associent principalement le degré d'aperture (bouche plus ou moins ouverte, plus ou moins fermée) et le point d'articulation (langue plus ou moins en avant, plus ou moins en arrière).

On trouve des voyelles orales simples dans toutes les langues (les trois voyelles / i / / u / / a / sont utilisées dans toutes les langues) mais le système français est très complet puisqu'il en comporte huit.

Symbole phonétique	Exemple	Leçon
/ i /	dit	p. 26, p. 28 et p. 46
/ e /	dé	p. 26, p. 30, p. 34, p. 70 et p. 74
/ ɛ /	dès	p. 28, p. 30 et p. 84
/ a /	patte	p. 34, p. 78 et p. 88
/ ɑ /	pâte	tend à disparaître et à être remplacé par le / a /, éventuellement légèrement plus long.
/ ɔ /	dort	p. 36
/ o /	dos	p. 36, p. 40, p. 58 et p. 92
/ u /	doux	p. 40, p. 50 et p. 62

ÉCOUTE ET DISCRIMINATION

p. 26 / i / - / e / prix - pré   si - ses   crie - crée   dit - des

✎ **Retrouvez : cochez le mot que vous entendez dans les phrases.**

1
| 1. prix ☐ | pré ☐ | 3. crie ☐ | crée ☐ |
| 2. six ☐ | ses ☐ | 4. dix ☐ | des ☐ |

---

p. 28 / i / - / ɛ /   il - elle   Gilles - gèle   bile - belle   grill - grêle

✎ **Retrouvez : cochez le genre que vous entendez dans les phrases.**

2
1. féminin ☐	masculin ☐	4. féminin ☐	masculin ☐
2. féminin ☐	masculin ☐	5. féminin ☐	masculin ☐
3. féminin ☐	masculin ☐		

---

p. 30 / ɛ / - / e /   dormait - dormez   écrivait - écrivez
prenait - prenez   lisait - lisez

✎ **Retrouvez : cochez le temps que vous entendez.**

3
| 1. imparfait ☐ | présent ☐ | 3. imparfait ☐ | présent ☐ |
| 2. imparfait ☐ | présent ☐ | 4. imparfait ☐ | présent ☐ |

---

p. 34 / e / - / a /   thé - tas   ses - sa   « B » - bas   les - la

✎ **Retrouvez : cochez le mot que vous entendez dans les phrases.**

4
| 1. thé ☐ | tas ☐ | 3. « B » ☐ | bas ☐ |
| 2. ses ☐ | sa ☐ | 4. les ☐ | la ☐ |

---

p. 36 / ɔ / - / o /   cote - côte   Paul - Paule   pomme - paume   sol - saule

✎ **Retrouvez : cochez le mot que vous entendez dans les phrases.**

5
| 1. cote ☐ | côte ☐ | 3. pomme ☐ | paume ☐ |
| 2. Paul ☐ | Paule ☐ | 4. sol ☐ | saule ☐ |

---

p. 40 / o / - / u /   faute - foot   faux - fou   tôt - tout   pot - pou

✎ **Retrouvez : cochez le mot que vous entendez dans les phrases.**

6
| 1. faute ☐ | foot ☐ | 3. tôt ☐ | tout ☐ |
| 2. faux ☐ | fou ☐ | 4. pot ☐ | pou ☐ |

PRIX-PRÉ / i / - / e /

Où **ré**sida le **ré**séda ?
Résida-t-il au Canada ?

        Robert Desnos (1900-1945), *Chantefables et chantefleurs.*

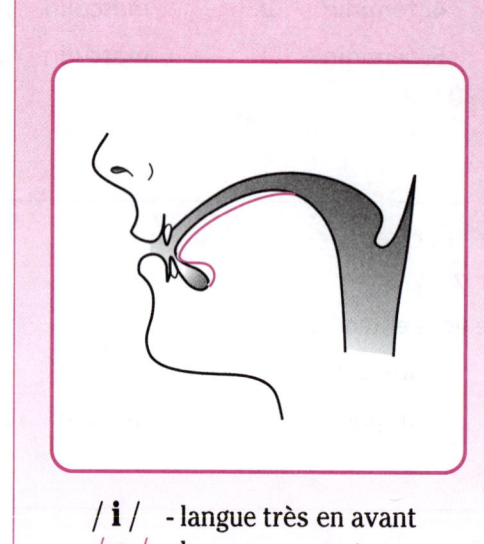

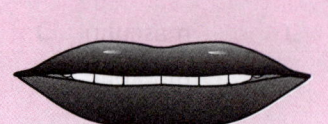

/ **i** / - lèvres très tirées
     - bouche très fermée

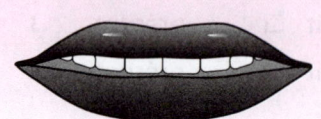

/ **e** / - lèvres très tirées
     - bouche fermée

/ **i** / - langue très en avant
/ **e** / - langue en avant

Vous pouvez étudier la prononciation du / **i** / p. 28 (**il - elle**) et p. 46 (**vie - vue**).
Vous pouvez étudier la prononciation du / **e** / p. 30 (**parlait - parlé**), p. 34 (**les - la**), p. 70 (**les - le**) et p. 74 (**j'ai - je**).

/ **i** / s'écrit le plus souvent :	*i î ï y*	*il île haïr cycle*
/ **e** / s'écrit le plus souvent :	- *é* - *e* + « *r, z, f, d* » non prononcés en fin de mot - *e* + double consonne sauf dans les monosyllabes (p. 30) - *es* dans les monosyllabes ⚠ - *ai* final ⚠	*chanté* *chanter chantez* *clef pied* *dessin* *les* *gai j'aimai j'aimerai*

⚠ Dans ces cas, on peut entendre un / **E** / intermédiaire (voir p. 30).

PRIX-PRÉ /i/-/e/

EXERCICES

★

1 Répétez. Lèvres tirées et bouche fermée pour prononcer / i / et / e /.

/ i / / e / / i /   1. Il les dit.   3. Il les dirige.
                2. Il les lit.   4. Il les finit.

2 A : Où commencer ?   B : Commencez ici !
À vous ! Dites bien l'enchaînement vocalique *(liaison impossible n° 2 voir p. 17).*

1.   A : Où commencer ?   B : _____
2.   A : Où continuer ?   B : _____
3.   A : Où terminer ?   B : _____
4.   A : Où arrêter ?   B : _____

★★

3 Répétez. Dites bien les enchaînements vocaliques *(voir p. 14).*

/ e e / / e i /   1. J'ai été hyper*-irrité !   3. J'ai été hyper-ignoré !
                 2. J'ai été hyper-isolé !   4. J'ai été hyper-imité !

4 A : *On m'a demandé ma carte d'identité.*   B : *Qui te l'a demandée ?*
À vous ! Faites bien les chutes du / ǝ / *(voir p. 18).*

1.   A : On m'a demandé ma carte d'identité.   B : _____
2.   A : On m'a refusé l'entrée.   B : _____
3.   A : On m'a reproché mon écriture.   B : _____
4.   A : On m'a recommandé ce restaurant.   B : _____
5.   A : On m'a retourné le chèque.   B : _____

★★★

5 A : *Range tes affaires !*   B : *Je les rangerai si je veux !*
À vous ! Faites bien les chutes du / ǝ / *(voir p. 18).*

1.   A : Range tes affaires !   B : _____
2.   A : Brosse tes vêtements !   B : _____
3.   A : Enfile tes chaussettes !   B : _____
4.   A : Écoute tes parents !   B : _____
5.   A : Cire tes chaussures !   B : _____

LECTURE

Dans l'île de Haïti, jadis colonie française sous le nom de Saint-Domingue, il y avait au début du XIXe siècle un général noir. Il s'appelait Christophe, Henri Christophe, Henri avec un *i*.

Aimé Césaire (1913-), *La Tragédie du Roi Christophe.*

IL-ELLE /i/ - /ɛ/

En avril, ne te découvre pas d'un f**il**
En m**ai**, f**ai**s ce qu'**il** te pl**aî**t.
      Dicton météorologique.

O**i**s**i**ve jeun**e**sse
À tout ass**e**rv**ie**,
Par dél**i**cat**e**sse
J'ai p**e**rdu ma v**ie**.
      Arthur Rimbaud (1854-1891), *Chanson de la plus haute tour.*

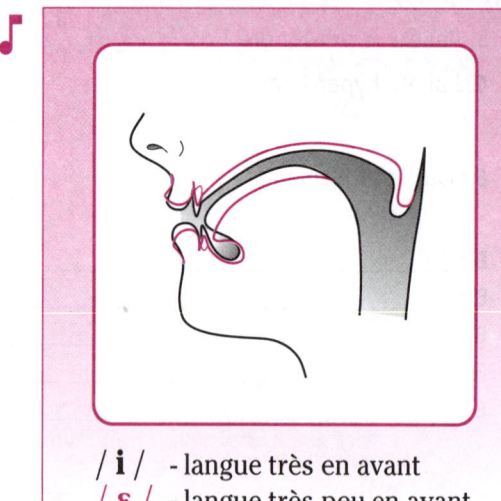

/i/ - lèvres très tirées
    - bouche très fermée

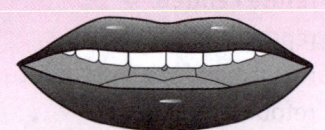

/ɛ/ - lèvres tirées
    - bouche presque ouverte

/i/ - langue très en avant
/ɛ/ - langue très peu en avant

Vous pouvez étudier la prononciation du /i/ p. 26 (**prix - pré**) et p. 46 (**vie - vue**).
Vous pouvez étudier la prononciation du /ɛ/ p. 30 (**parlait - parlé**) et p. 84 (**lait - lin**).

/i/ s'écrit le plus souvent :	*i î ï y*	il île haïr cycle
/ɛ/ s'écrit le plus souvent :	*- è ê* *- ei ai e* suivis d'une ou deux consonne(s) prononcée(s) dans la même syllabe orale *- e* + double consonne dans les monosyllabes *- ai* + « *s, t, e* » non prononcés en fin de mot	père être seize faire mettre elle mais fait craie

28 • vingt-huit

IL-ELLE /i/ - /ɛ/

EXERCICES

1 Répétez : « il » masculin, « elle » féminin.
/ il / / ɛl /
1. Il est très fier.
2. Il est très bête.
3. Il est très laid.
4. Elle est très riche.
5. Elle est très chic.
6. Elle est très fine.

★

2 A : Ma copine lit des magazines.   B : Pardon ? Qu'est-ce qu'elle lit ?
À vous ! Faites bien la chute du / ə / (voir p. 18).
1. A : Ma copine lit des magazines.   B : _____
2. A : Elle dit des bêtises.   B : _____
3. A : Elle imagine sa vie.   B : _____
4. A : Elle finit ses études.   B : _____

★★

3 A : Ton ami n'aime pas la bière ?   B : Si, il aime celle-là.
À vous ! Désaccentuez bien le verbe de la réponse (voir p. 13).
1. A : Ton ami n'aime pas la bière ?   B : _____
2. A : Votre employeur ne paie pas de taxe ?   B : _____
3. A : Le concierge ne jette pas les publicités ?   B : _____
4. A : Le bibliothécaire ne prête pas de revue ?   B : _____

ÉCRITURE

Continuez l'histoire suivante. Chaque ligne doit avoir le même nombre de syllabes orales, commencer par « il » et se terminer par « elle » (rime).

Il ne pense qu'à elle,   _____
Il se souvient d'elle,   _____
_____   _____

★★★

4 A : Le patron danse avec la secrétaire.   B : Lui, avec elle ? Inimaginable !
À vous ! Dites bien les trois groupes rythmiques (voir p. 13).
1. A : Le patron danse avec la secrétaire.   B : _____
2. A : Il voyage sans sa femme.   B : _____
3. A : Il habite chez sa mère.   B : _____
4. A : Il s'inquiète pour sa fille.   B : _____

LECTURE

Comment, disaient-ils,
Enchanter les belles
Sans philtres subtils ?
– Aimez, disaient-elles.

Victor Hugo (1802-1885), *Guitare*.

vingt-neuf • 29

3 PARLAIT-PARLÉ /ɛ/ - /e/

À la cl**ai**re font**ai**ne
M'en allant promen**er**,
Je trouv**ai** l'eau si b**e**lle
Que je m'y suis b**ai**gn**ée**.
Chanson populaire.

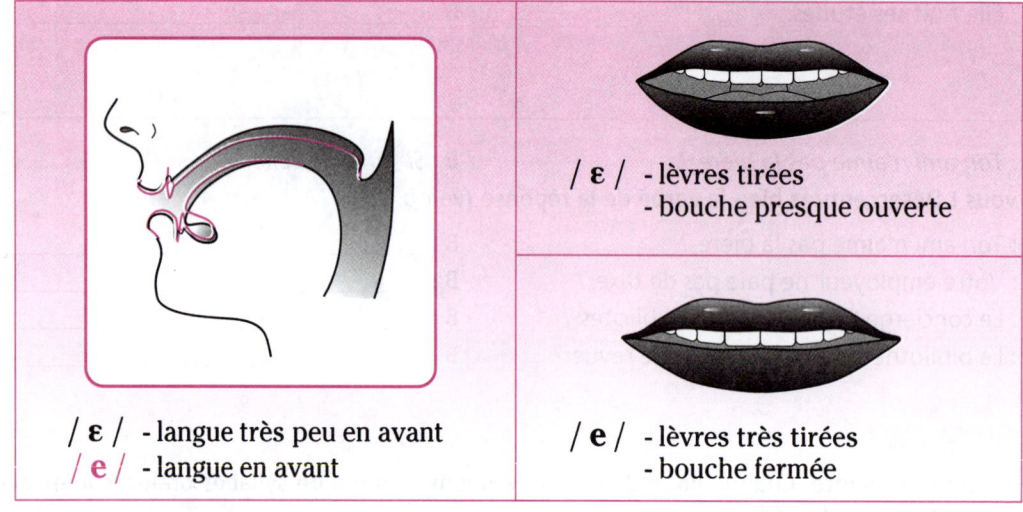

/ɛ/ - lèvres tirées
- bouche presque ouverte

/e/ - lèvres très tirées
- bouche fermée

/ɛ/ - langue très peu en avant
/e/ - langue en avant

Vous pouvez étudier la prononciation du /ɛ/ p. 28 (**il - elle**) et p. 84 (**lait - lin**).
Vous pouvez étudier la prononciation du /e/ p. 26 (**prix - pré**), p. 34 (**les - la**), p. 70 (**les - le**) et p. 74 (**j'ai - je**).

/ɛ/ s'écrit le plus souvent :	- **è ê** - **ei ai e** suivis d'une ou deux consonne(s) prononcée(s) dans la même syllabe orale - **e** + double consonne dans les monosyllabes - **ai** + « **s, t, e** » non prononcés en fin de mot	*père être* *seize faire mettre* *elle* *mais fait craie*
/e/ s'écrit le plus souvent :	- **é** - **e** + « **r, z, f, d** » non prononcés en fin de mot - **e** + double consonne sauf dans les monosyllabes (voir /ɛ/) - **es** dans les monosyllabes ⚠ - **ai** final ⚠	*chanté* *chanter chantez* *clef pied* *dessin* *les* *gai j'aimai j'aimerai*

⚠ Dans ces cas, on peut entendre un /E/ intermédiaire.

PARLAIT-PARLÉ / ɛ / - / e /

EXERCICES

1 Répétez. Lèvres tirées et bouche fermée pour prononcer / e /.

/ ɛ / 1. L - M - N - R - S - Z   4. L'EDF
/ e / 2. B - C - D - G - P - T - V - W 5. La RATP
       3. La SNCF   6. La BNP

2 Répétez : imparfait - passé composé. Dites bien l'enchaînement vocalique au passé composé *(voir p. 14)* et l'égalité syllabique *(voir p. 12)*.

/ e / / ɛ / - / e e / / e /   1. J'étudiais. - J'ai étudié.   3. J'écoutais. - J'ai écouté.
                               2. J'essayais. - J'ai essayé.   4. J'éclairais. - J'ai éclairé.

3 A : Je déménage l'année prochaine.   B : Vous déménagez en janvier ?

À vous ! Dites bien l'enchaînement vocalique *(liaison impossible n° 2, voir p. 17)*.

1. A : Je déménage l'année prochaine.   B : Vous déménagez en janvier ?

   Changez les mois de l'année.

2. A : Je déménage l'année prochaine.   B : Vous déménagez en février ?
3. A : Je déménage l'année prochaine.   B : _____

4 A : Vous êtes fâché ?   B : Fâché ? Moi, jamais !

À vous ! Dites bien l'intonation interrogative n° 2.1 puis exclamative n° 3 *(voir p. 20)*.

1. A : Vous êtes fâché ?   B : _____
2. A : Vous êtes gêné ?   B : _____
3. A : Vous êtes choqué ?   B : _____
4. A : Vous êtes désolé ?   B : _____
5. A : Vous êtes désespéré ?   B : _____

5 A : Tu te soignes ?   B : Non, mais je vais me soigner.

À vous ! Faites bien les chutes du / ə / *(voir p. 18)*.

1. A : Tu te soignes ?   B : _____
2. A : Tu te couches ?   B : _____
3. A : Tu te coiffes ?   B : _____
4. A : Tu te prépares ?   B : _____
5. A : Tu te dépêches ?   B : _____

LECTURE

Ah ! quel été, quel été, quel été !
Il pleuvait tant sur la côte où j'étais !

Raymond Devos (1922-), *Souvenirs de vacances, Sens dessus dessous.*

trente et un • 31

PARLAIT-PARLÉ /ɛ/ - /e/

EXERCICES

★★

6 Répétez : imparfait - passé composé. Lèvres tirées et bouche fermée pour prononcer /e/.

/ɛ/ - /e/
1. Il la chantait. - Il l'a chanté(e).
2. Il la dansait. - Il l'a dansé(e).
3. Il la sifflait. - Il l'a sifflé(e).

7 Répétez. Dites bien l'enchaînement vocalique *(liaison impossible n° 1 voir p. 17)*.

/e e/
1. Tiens ! Le boulanger et la boulangère !
2. Tiens ! Le poissonnier et la poissonnière !
3. Tiens ! Le charcutier et la charcutière !
4. Tiens ! Le teinturier et la teinturière !

8 A : *Dites-moi votre secret...*   B : *Je vous le dirais si je pouvais.*
À vous ! Faites bien les chutes du /ə/ *(voir p. 18)*.

1. A : Dites-moi votre secret...   B : _____
2. A : Dessinez-moi cet objet.   B : _____
3. A : Donnez-moi le pichet.   B : _____
4. A : Passez-moi le carnet.   B : _____

9 A : *Jean travaille à la pâtisserie.*   B : *C'est un pâtissier exceptionnel*
À vous ! Dites bien la liaison obligatoire n° 6 *(voir p. 16)*, l'enchaînement vocalique *(liaison impossible n° 2 voir p. 17)* et toutes les syllabes *(voir p. 12)*.

1. A : Jean travaille à la pâtisserie.   B : _____
2. A : Pierre travaille à la cordonnerie.   B : _____
3. A : Paul travaille à la crémerie.   B : _____
4. A : Jacques travaille à l'épicerie.   B : _____

10 A : *La souris, le chat l'a mangée ?*   B : *Il la mangeait tout à l'heure.*
À vous ! Dites bien l'intonation assertive n° 1 *(voir p. 20)*.

1. A : La souris, le chat l'a mangée ?   B : _____
2. A : L'araignée, il l'a tuée ?   B : _____
3. A : La pie, il l'a chassée ?   B : _____
4. A : L'assiette, il l'a léchée ?   B : _____
5. A : La viande, il l'a dévorée ?   B : _____

LECTURE

Prendre un dictionnaire,
Barrer tous les mots à barrer,
Signer : revu et corrigé.

Marcel Duchamp (1887-1968).

PARLAIT-PARLÉ /ɛ/-/e/

EXERCICES

★★★

11 Répétez : imparfait passif - passé composé passif. Dites bien les enchaînements vocaliques *(voir p. 14)* et toutes les syllabes.

/ɛe/ - /e ete e/   1. J'étais énervé. - J'ai été énervé.   3. J'étais écarté. - J'ai été écarté.
                   2. J'étais épuisé. - J'ai été épuisé.   4. J'étais éloigné. - J'ai été éloigné.

12 A : *Je préfère votre sœur.*   B : *Je sais, vous l'avez toujours préférée !*

⚠ L'accent grave au présent du verbe (préfère) devient accent aigu au passé composé (préféré) ; cet accent indique que la voyelle ouverte /ɛ/ du présent devient, au passé composé, la voyelle /e/ fermée.

À vous ! **Dites bien les voyelles /e/ fermées au passé composé.**

1. A : Je préfère votre sœur.   B : _____
2. A : Je célèbre la Saint-Nicolas.   B : _____
3. A : J'abrège votre prénom.   B : _____
4. A : Je gère votre fortune.   B : _____

13 A : *Tu étais stressé hier.*   B : *J'ai été encore plus stressé aujourd'hui.*

À vous ! **Dites bien les enchaînements vocaliques** *(voir p. 14)*.

1. A : Tu étais stressé hier.   B : _____
2. A : Tu étais bousculé hier.   B : _____
3. A : Tu étais submergé hier.   B : _____
4. A : Tu étais débordé hier.   B : _____
5. A : Tu étais dépassé hier.   B : _____

ÉCRITURE

Continuez, sur le même modèle, ce portrait d'un « branché »*[1]. N'oubliez pas la rime en « télé- ».

C'est par télé-
phone qu'il a commandé un télé-
copieur, qu'il va régler par télé-

_____   _____
_____   _____

Signé : http://www.branché.fr

LECTURE

Père Merle perché serre entre le bec le bretzel ; / Mère Fennec est présente : / - Eh, Merle, Révérences ! jette cette Mère Fennec. / Père Merle se penche et... le bretzel descend entre / les dents de Mère Fennec. / Père Merle blême et berné peste ; / Mère Fennec se délecte et rentre chez elle.

Marie-Christine Plassard, *Le Corbeau et le Renard.*

La Fontaine (1621-1695) n'a-t-il pas raconté la même histoire ?

4 LES-LA / e / - / a /

Sous les pavés, la plage.
Slogan étudiant (mai 1968).

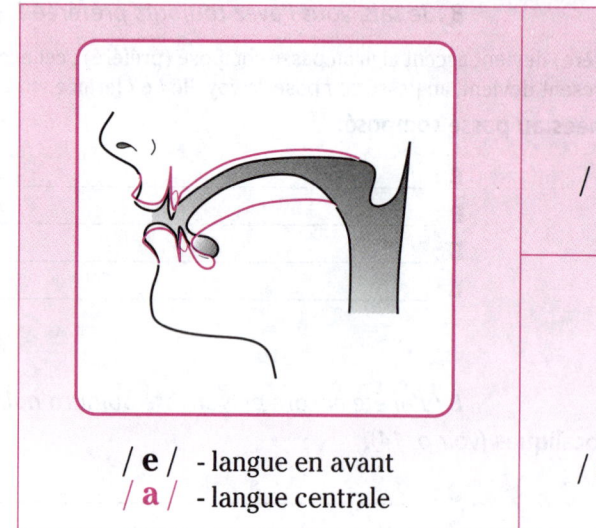

/ **e** / - lèvres très tirées
- bouche fermée

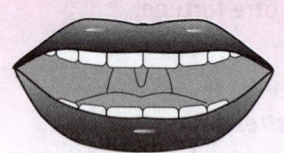

/ **a** / - lèvres légèrement tirées
- bouche ouverte

/ **e** / - langue en avant
/ **a** / - langue centrale

La voyelle postérieure / ɑ / de « pâte » tend à disparaître et à être remplacée par la voyelle antérieure / a / de « patte », éventuellement légèrement plus longue ; le / ɑ / n'est donc pas étudié dans cet ouvrage.

Vous pouvez étudier la prononciation du / **e** / p. 26 (**prix - pré**), p. 30 (**parlait - parlé**), p. 70 (**les - le**) et p. 74 (**j'ai - je**).
Vous pouvez étudier la prononciation du / **a** / p. 78 (**la - le**) et p. 88 (**plat - plan**).

/ **e** / s'écrit le plus souvent :	- *é* - *e* + « *r, z, f, d* » non prononcés en fin de mot - *e* + double consonne sauf dans les monosyllabes (p. 30) - *es* dans les monosyllabes ⚠ - *ai* final ⚠	*chanté* *chanter chantez* *clef pied* *dessin* *les* *gai j'aimai j'aimerai*
/ **a** / s'écrit le plus souvent :	- *a à â* - *e* + *mm* dans les adverbes - Cas particuliers :	*chat là pâte* *prudemment* *femme solennel*
/ **w a** / s'écrit le plus souvent : (voir p. 180)	- *oi*	*noir*

⚠ Dans ces cas, on peut entendre un / **E** / intermédiaire (voir p. 30).

34 • trente-quatre

LES-LA /e/-/a/

EXERCICES

★

1 Répétez. Dites bien l'égalité syllabique *(voir p. 12)*.

/e/-/a/   1. Bonjour, Mesdames - Bonjour, Madame.   3. Merci, Mesdames - Merci, Madame.
2. Bonsoir, Mesdames - Bonsoir, Madame.   4. Au revoir, Mesdames. - Au revoir, Madame.

2 A : Où sont les chats ?   B : Les chats ? Là !
À vous ! Dites bien l'intonation interrogative n° 2.1 puis exclamative n° 3 *(voir p. 20)*.

1. A : Où sont les chats ?   B : _____
2. A : Où sont les vaches ?   B : _____
3. A : Où sont les ânes ?   B : _____
4. A : Où sont les canards ?   B : _____

★★

3 Répétez. Dites bien l'enchaînement consonantique *(voir p. 15)* puis l'enchaînement vocalique *(voir p. 14)*.

/a d a e/   1. La salade a été lavée.   3. La balade a été ratée.
2. La façade a été ravalée.   4. La malade a été rassurée.

4 A : Tu dépasses la vitesse ?   B : Et toi, tu ne la dépasses pas ?
À vous ! Faites bien la chute du /ə/ *(voir p. 18)*.

1. A : Tu dépasses la vitesse ?   B : _____
2. A : Tu décharges la voiture ?   B : _____
3. A : Tu répares ta bicyclette ?   B : _____
4. A : Tu dégages la neige ?   B : _____

* En style plus familier, le « ne » de la phrase négative n'est pas prononcé.

LECTURE   Il était né près du canal
Par là, dans l' quartier d'l'Arsenal.
Aristide Bruant (1851-1925).

L'écriture de « le » et « de » avec apostrophe devant consonne évoque la langue orale.

★★★

5 A : J'ai rencontré Eva.   B : Tu parles* ! Tu ne l'as jamais rencontrée !
À vous ! Dites bien les deux groupes rythmiques *(voir p. 13)*.

1. A : Je l'ai abordée.   B : _____
2. A : Je l'ai draguée*.   B : _____
3. A : Je l'ai invitée.   B : _____
4. A : Je l'ai épousée….   B : _____

* En style plus familier, le « ne » de la phrase négative n'est pas prononcé.

LECTURE   La vache lâche se fâche et se cache sous la bâche.
Robert Desnos (1900-1945).

trente-cinq • 35

5 NOTRE-NÔTRE /ɔ/ - /o/

On a tout dit du r**o**ssign**o**l et de la r**o**se
On a tout dit du r**o**ssign**o**l
De son chant pur qui prend son v**o**l
Et qui se p**o**se.
Maurice Sandoz, *Choix de Poèmes*.

La terre n'est qu'un charnier
où le bruit de n**o**s pas
s**o**nne **au**ssi creux
que les **o**s des m**o**rts.
Louis-René des Forêts (1918-), *Ostinato*.

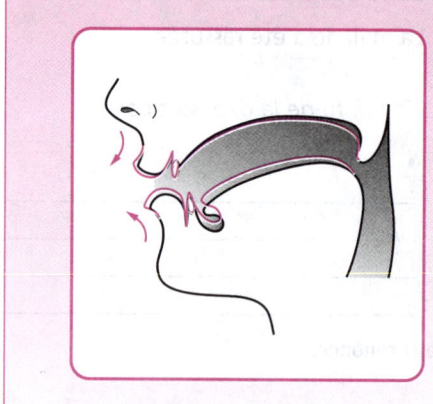

/ɔ/ - lèvres arrondies
    - bouche presque ouverte

/ɔ/ - langue un peu en arrière
/o/ - langue un peu en arrière

/o/ - lèvres très arrondies
    - bouche fermée

Vous pouvez étudier la prononciation du /o/ p. 40 (**faux - fou**), p. 58 (**chevaux - cheveux**) et p. 92 (**beau - bon**).

⚠ En syllabe non accentuée, on peut entendre un /O/ intermédiaire. *Exemple* : lab**o**ratoire, ch**o**colat.

/o/ s'écrit le plus souvent :	- *eau* - *au* - *o* en fin de mot - *o* suivi d'une consonne non prononcée - *o* + /z/ *ô*	beau Beauce matériau haut haute do dos rose côte
/ɔ/ s'écrit le plus souvent :	- *o* en fin de mot, suivi d'une consonne prononcée (sauf /z/) - *u* + *m* final, sauf « *parfum* »	donne forum

NOTRE-NÔTRE /ɔ/-/o/

EXERCICES

1 Répétez. Lèvres très arrondies pour prononcer /o/.

/ɔ/ /o/ /o/
1. Votre chapeau est drôle.
2. Votre manteau est beau.
3. Votre tricot est chaud.

2 Répétez. Dites bien l'enchaînement consonantique *(voir p. 15)*.

/o/ /ɔ/
1. Vos parents sont dans notre immeuble.
2. Vos gardiens sont dans notre escalier.
3. Vos voisins sont dans notre entrée.
4. Vos ouvriers sont dans notre ascenseur.

3 A : Je fais du vélo. B : Du vélo ? Bravo !

À vous ! Dites bien les deux groupes rythmiques *(voir p. 13)*.

1. A : Je fais du vélo. B : _____
2. A : Je fais du judo. B : _____
3. A : Je fais du bateau. B : _____
4. A : Je fais de la moto. B : _____
5. A : Je fais de la spéléo. B : _____

4 A : Rendez-vous au Forum ! B : Au Forum ? D'accord.

À vous ! Dites bien l'intonation interrogative n° 2.1 puis assertive n° 1 *(voir p. 20)*.

1. A : Rendez-vous au Forum ! B : _____
2. A : Rendez-vous au Planétarium ! B : _____
3. A : Rendez-vous au Muséum ! B : _____

5 A : Je parle français. B : Oh ! Vous êtes francophone ?

À vous ! Cherchez l'adjectif correspondant à la langue.

1. A : Je parle français. B : _____
2. A : Je parle anglais. B : _____
3. A : Je parle russe. B : _____
4. A : Je parle arabe. B : _____
5. A : Je parle espagnol. B : _____
6. A : Je parle allemand. B : _____
7. A : Je parle portugais. B : _____

LECTURE

De l'eau, / Il en faut, / Mais pas trop,
Et le mal et le bien sortent des mêmes causes.

Franc-Nohain (1873-1934), *Fables*.

trente-sept • 37

NOTRE-NÔTRE /ɔ/ - /o/

EXERCICES

6 Répétez. Dites bien l'égalité syllabique *(voir p. 12).*

/ o / / ɔ /
1. Il est drôlement* fort, ce graphologue !
2. Il est drôlement fort, ce géologue !
3. Il est drôlement fort, cet archéologue !
4. Il est drôlement fort, cet ethnologue !

7 Répétez. Dites bien l'enchaînement consonantique *(voir p. 15)* puis vocalique *(liaison impossible n° 1, voir p. 17).*

/ ɔ / / o /
1. C'est votre opinion ou c'est la nôtre ?
2. C'est votre objection ou c'est la nôtre ?
3. C'est votre observation ou c'est la nôtre ?
4. C'est votre obligation ou c'est la nôtre ?

8 A : C'est toi qui colles les affiches ?   B : Il faut bien les coller…

À vous ! Dites bien un seul groupe rythmique *(voir p. 13).*

1. A : C'est toi qui colles les affiches ?   B : _____
2. A : C'est toi qui portes les affiches ?   B : _____
3. A : C'est toi qui transportes les affiches ?   B : _____
4. A : C'est toi qui rapportes les affiches ?   B : _____

* En style plus familier, on peut entendre : « I' faut bien… » ou même : «… Faut bien… » *(voir p. 21).*

9 A : Il faudrait le questionner.   B : Alors, on* le questionne aujourd'hui.

À vous ! Faites bien la chute du / ə / *(voir p. 18).*

1. A : Il faudrait le questionner.   B : _____
2. A : Il faudrait le convoquer.   B : _____
3. A : Il faudrait le nommer.   B : _____
4. A : Il faudrait le sanctionner.   B : _____

10 A : Son numéro est génial*.   B : Tous ses numéros sont géniaux.

À vous ! Dites bien le pluriel des adjectifs.

1. A : Son numéro est génial.   B : _____
2. A : Son numéro est marginal.   B : _____
3. A : Son numéro est spécial.   B : _____
4. A : Son numéro est original.   B : _____

LECTURE

C'est odieux. (À la maison j'avais toujours entendu dans odieux, prononcer l'o long audieux, mais M. et Mme Swann disaient odieux, en faisant l'o bref)…

Marcel Proust (1871-1922), *À l'ombre des jeunes filles en fleurs.*

NOTRE-NÔTRE /ɔ/-/o/

EXERCICES

★★★

11 Répétez. Dites bien l'enchaînement consonantique *(voir p. 15)*.

1. Vous êtes psychologue ou psychothérapeute ?
2. Vous êtes sociologue ou sociolinguiste ?
3. Vous êtes astronome ou astrophysicien ?

12 A : *Votre studio est bien haut !*   B : *Le vôtre est encore plus haut.*

À vous ! Dites bien le /o/ fermé du pronom possessif et l'enchaînement consonantique *(voir p. 15)*.

1. A : Votre studio est bien haut !   B : _____
2. A : Comme votre piano est faux !   B : _____
3. A : Je trouve votre morceau très gros !   B : _____
4. A : Votre propos est nouveau !   B : _____
5. A : Ce que ce bibelot est rigolo* !   B : _____

« haut » : le « h » est aspiré *(voir p. 17)*.

13 A : *Voilà une excellente idée.*   B : *Oh... J'ai encore d'autres idées.*

À vous ! Dites bien le /ə/ final *(voir p. 18)* et la liaison obligatoire n° 2.1 *(voir p. 16)*.

1. A : Voilà une excellente idée.   B : _____
2. A : Voilà un essai raté.   B : _____
3. A : Voilà une anecdote amusante.   B : _____
4. A : Voilà un article intéressant.   B : _____
5. A : Voilà ton espoir anéanti.   B : _____

ÉCRITURE

En français parlé, on entend souvent des abréviations en /o/. Certaines existent depuis longtemps telles que *métro, expo,...* ; d'autres, accompagnées éventuellement d'altérations, sont d'apparition plus récente et de style souvent plus familier *(voir p. 21)*.

Trouvez les mots complets auxquels correspondent les altérations suivantes.

Exemple : intello : intellectuel

intello* : _____	toxico* : _____	resto* : _____	écolo* : _____
séropo* : _____	rétro : _____	alcoolo* : _____	pseudo* : _____
labo* : _____	psycho* : _____	socio* : _____	homo* : _____

LECTURE

Mignonne, allons voir si la rose,
Qui ce matin avait déclose
Sa robe de pourpre au soleil,
A point perdu cette vêprée,
Les plis de sa robe pourprée
Et son teint au vôtre pareil.

Pierre de Ronsard (1524-1585), *À Cassandre.*

6 FAUX-FOU /o/ - /u/

Il pleut, il m**ou**ille, c'est la fête à la gren**ou**ille ;
il tombe de l'**eau**, c'est la fête **aux** escargots.
Comptine.

Ariane, ma sœur ! de quel am**our** blessée
V**ou**s m**ou**rûtes **aux** bords **où** v**ou**s fûtes laissée !
Jean Racine (1639-1699), *Phèdre* (Acte I, scène 3).

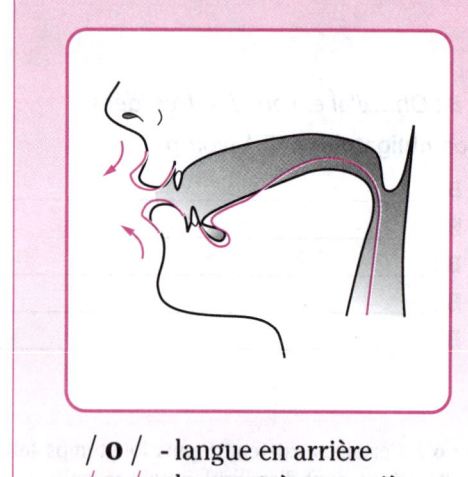

/o/	- lèvres très arrondies - bouche fermée
/u/	- lèvres très arrondies - bouche très fermée

/o/ - langue en arrière
/u/ - langue très en arrière

Vous pouvez étudier la prononciation du /o/ p. 36 (**notre - nôtre**), p. 58 (**chevaux - cheveux**) et p. 92 (**beau - bon**).
Vous pouvez étudier la prononciation du /u/ p. 50 (**roue - rue**), p. 62 (**douzième - deuxième**) et p. 180 (**Louis - lui**).

/o/ s'écrit le plus souvent :	- *eau* - *au* - *o* en fin de mot - *o* suivi d'une consonne non prononcée - *o* + /z/ - *ô*	beau Beauce matériau haut haute do dos rose côte
/u/ s'écrit le plus souvent :	- *ou où oû* - *aou* - mots empruntés à l'anglais	route où goût saoul foot clown pudding

40 • quarante

FAUX-FOU /o/-/u/

EXERCICES

1 Répétez. Lèvres très arrondies pour prononcer / o / et / u /.

/ o / / u /
1. J'ai mal au coude.
2. J'ai mal au pouce.
3. J'ai mal au cou.
4. J'ai mal au genou.

2 Répétez. Dites bien l'enchaînement consonantique *(voir p. 15).*

/ u z o /
1. Douze auberges.
2. Douze autobus.
3. Douze autoroutes.
4. Douze autorisations.

3 A : Je dis tout ?   B : Oui, il faut tout dire.

À vous ! Dites bien les deux groupes rythmiques *(voir p. 13).*

1. A : Je dis tout ?   B : _____
2. A : Je lis tout ?   B : _____
3. A : Je fais tout ?   B : _____
4. A : Je bois tout ?   B : _____
5. A : Je traduis tout ?   B : _____

* En style plus familier, on peut entendre : « l' faut… » ou même : « Faut… » *(voir p. 21).*

4 A : Les autres invités sont partis ?   B : Tous les autres sont partis.

⚠ Prononciation de « tous » : « tous » est un adjectif, le « s » n'est pas prononcé.

À vous ! Dites bien le / ə / final *(voir p. 18).*

1. A : Les autres invités sont partis ?   B : _____
2. A : Les autres sont servis ?   B : _____
3. A : Les autres sont prêts ?   B : _____
4. A : Les autres sont arrivés ?   B : _____
5. A : Les autres sont entrés ?   B : _____

* En style plus familier, on peut entendre : « les aut' sont… » *(voir p. 21).*

5 A : Votre séjour est trop court…   B : Beaucoup trop court !

À vous ! Dites bien un seul groupe rythmique *(voir p. 13).*

1. A : Votre séjour est trop court…   B : _____
2. A : Ton paquet est trop lourd…   B : _____
3. A : Ce tissu est trop souple…   B : _____
4. A : Le beurre est trop mou…   B : _____

LECTURE

En passant dans un p'tit bois / Où le coucou chantait
Dans son joli chant disait :
« Coucou, coucou, coucou, coucou »
Et moi je croyais qu'il disait :
« Coupe-lui le cou, coupe-lui le cou ».

Chanson populaire.

quarante et un • 41

FAUX-FOU / o / - / u /

EXERCICES

6 Répétez. Dites bien l'enchaînement vocalique *(voir p. 14).*

/ o / / u o /
1. Guillaume joue au bridge.
2. Maud joue aux cartes.
3. Paule joue aux échecs.
4. Claude joue au foot.
5. Aude joue aux boules.
6. Jérôme joue aux courses.

7 Répétez. Dites bien l'enchaînement consonantique *(voir p. 15).*

/ u z u /
1. Il nous faut douze outils.
2. Il nous faut douze ouvre-boîtes.
3. Il nous faut douze ouvre-bouteilles.

8 A : *On va à Monaco ?*   B : *D'accord pour Monaco.*

À vous ! Dites bien les deux groupes rythmiques *(voir p. 13).*

1. A : On va à Monaco ?   B : _____
2. A : On va à Bordeaux ?   B : _____
3. A : On va à Fontainebleau ?   B : _____
4. A : On va à Chenonceaux ?   B : _____
5. A : On va à Pau ?   B : _____
6. A : On va à Ajaccio ?   B : _____

9 A : *Cette chemise n'est pas chère.*   B : *Si, je la trouve trop chère.*

À vous ! Faites bien la chute du / ə / *(voir p. 18).*

1. A : Cette chemise n'est pas chère.   B : _____
2. A : Cette jupe n'est pas serrée.   B : _____
3. A : Cette écharpe n'est pas longue.   B : _____
4. A : Cette cravate n'est pas fragile.   B : _____
5. A : Cette robe n'est pas courte.   B : _____

LECTURE

Mon petit bijou,
Viens sur mes genoux,
Jette des cailloux
À ce vilain hibou
Qui mange les choux
Et qui a des poux.
Joujou !

Comptine.

Pourquoi tous ces mots en « -ou » sont-ils rassemblés dans cette comptine ?

FAUX-FOU / o / - / u /

EXERCICES

★★★

10 Répétez. Dites bien la liaison *(voir p. 16)* et les enchaînements *(voir p. 14 et 15)*.
1. C'est à gauche ou à droite ?
2. C'est à gauche ou en face ?
3. C'est à gauche ou au milieu ?
4. C'est en haut ou au centre ?

« haut » : le « h » est aspiré *(voir p. 17)*.

11 A : *Dépose les cadeaux !*   B : *Où est-ce que je les dépose ?*
À vous ! Dites bien la séquence de / ə / *(voir p. 18)*.

1. A : Dépose les cadeaux !   B : _____
2. A : Dispose les fleurs !   B : _____
3. A : Compose les bouquets !   B : _____
4. A : Pose les paquets !   B : _____

12 A : *Tous les députés découvrent ce projet ?*   B : *Tous le découvrent sauf vous.*

⚠ Prononciation de « tous » :

A : Tous les députés redoutent ce projet ?   « *Tous* » est un adjectif, le « s » n'est pas prononcé.
B : Tous le redoutent sauf vous.   « *Tous* » est un pronom, le « s » est prononcé.

À vous ! Dites bien les trois groupes rythmiques *(voir p. 13)*.

1. A : Tous les députés redoutent ce projet ?   B : _____
2. A : Tous les députés désavouent ce projet ?   B : _____
3. A : Tous les députés écoutent ce projet ?   B : _____
4. A : Tous les députés approuvent ce projet ?   B : _____

ÉCRITURE

Trouvez les expressions sur le modèle :

Il est sourd comme *un pot*.

Il est rouge comme _____

Il est doux comme _____

Il est connu comme _____

LECTURE

[...] Ô ma fiancée, je te demande encore pourtant quelque chose. Sors un beau soir, au soleil couchant, seule, va dans la campagne, assieds-toi sur l'herbe, sous quelque saule vert, regarde l'occident, et pense à ton enfant qui va mourir.

Alfred de Musset (1810-1857), *Lettre à George.*

Alfred de Musset écrit ici à sa maîtresse, l'écrivain George Sand (1804-1876).

II

LES VOYELLES ORALES COMPOSÉES

Les voyelles sont des sons produits par la vibration des cordes vocales.

Les voyelles orales sont des sons pour lesquels l'air passe sans obstacle par la bouche.

Les voyelles orales composées réunissent deux mouvements articulatoires : antériorité du point d'articulation (langue en avant) et labialisation (lèvres en avant).

Ces voyelles, également appelées voyelles antérieures, associent deux mouvements que l'on retrouve rarement dans les autres langues.

Symbole phonétique	Exemple	Leçon
/ y /	du	p. 46, p. 50, p. 54 et p. 96
/ ø /	deux	p. 54, p. 58, p. 62 et p. 66
/ œ /	sœur	p. 66
/ ə /	ce	p. 70, p. 74, p. 78 et explications p. 18

ÉCOUTE ET DISCRIMINATION

p. 46 /i/ - /y/   Paris - paru   Gilles - Jules   pile - pull   émis - ému

7   Retrouvez : cochez le mot que vous entendez dans les phrases.

| 1. Paris ☐ | paru ☐ | 3. pile ☐ | pull ☐ |
| 2. Gilles ☐ | Jules ☐ | 4. émis ☐ | ému ☐ |

---

p. 50 /u/ - /y/   sourd - sûr   tout - tu   cours - cure   dessous - dessus

8   Retrouvez : cochez le mot que vous entendez dans les phrases.

| 1. sourd ☐ | sûr ☐ | 3. cours ☐ | cure ☐ |
| 2. tout ☐ | tu ☐ | 4. dessous ☐ | dessus ☐ |

---

p. 54 /y/ - /ø/   cru - creux   du - deux   jus - jeu   plut - pleut

9   Retrouvez : cochez le mot que vous entendez dans les phrases.

| 1. cru ☐ | creux ☐ | 3. jus ☐ | jeu ☐ |
| 2. du ☐ | deux ☐ | 4. plut ☐ | pleut ☐ |

---

p. 58 /o/ - /ø/   pot - peu   vaut - veut   chevaux - cheveux   au - eux

10   Retrouvez : cochez le mot que vous entendez dans les phrases.

| 1. pot ☐ | peu ☐ | 3. chevaux ☐ | cheveux ☐ |
| 2. vaut ☐ | veut ☐ | 4. au ☐ | eux ☐ |

---

p. 62 /u/ - /ø/   nous - nœud   fou - feu   douzième - deuxième   douze - deux

11   Retrouvez : cochez le mot que vous entendez dans les phrases.

| 1. en nous ☐ | en eux ☐ | 3. douzième ☐ | deuxième ☐ |
| 2. fou ☐ | feu ☐ | 4. douze ☐ | deux ☐ |

---

p. 66 /ø/ - /œ/   œufs - œuf   bœufs - bœuf   peut - peuvent   veut - veulent

12   Retrouvez : cochez le mot que vous entendez dans les phrases.

| 1. œufs ☐ | œuf ☐ | 3. peut ☐ | peuvent ☐ |
| 2. bœufs ☐ | bœuf ☐ | 4. veut ☐ | veulent ☐ |

---

p. 70 /e/ - /ə/   les - le   mes - me   ces - ce   des - de

13   **les - le** : cochez le nombre que vous entendez dans les phrases.

| 1. pluriel ☐ | singulier ☐ | 3. pluriel ☐ | singulier ☐ |
| 2. pluriel ☐ | singulier ☐ | 4. pluriel ☐ | singulier ☐ |

---

p. 74 /e/ - /ə/   j'ai - je   il s'est - il se   répare - repars   réforme - reforme

14   **j'ai - je** : cochez le temps que vous entendez dans les phrases.

| 1. passé composé ☐ | présent ☐ | 3. passé composé ☐ | présent ☐ |
| 2. passé composé ☐ | présent ☐ | 4. passé composé ☐ | présent ☐ |

---

p. 78 /a/ - /ə/   la - le   ma - me   sa - se   ta - te

15   **la - le** : cochez le genre que vous entendez dans les phrases.

| 1. féminin ☐ | masculin ☐ | 3. féminin ☐ | masculin ☐ |
| 2. féminin ☐ | masculin ☐ | 4. féminin ☐ | masculin ☐ |

7 VIE-VUE /i/ - /y/

Je le **vis**, je roug**is**, je pâl**is** à sa v**ue**.
Jean Racine (1639-1699), *Phèdre* (Acte I, scène 3).

Avant d'entrer dans ma cell**u**le
Il a fall**u** me mettre n**u**
Et quelle voix sin**i**stre **u**l**u**le
G**ui**llaume qu'es-**tu** deven**u** ?
Guillaume Apollinaire (1880-1918), *À la Santé*.

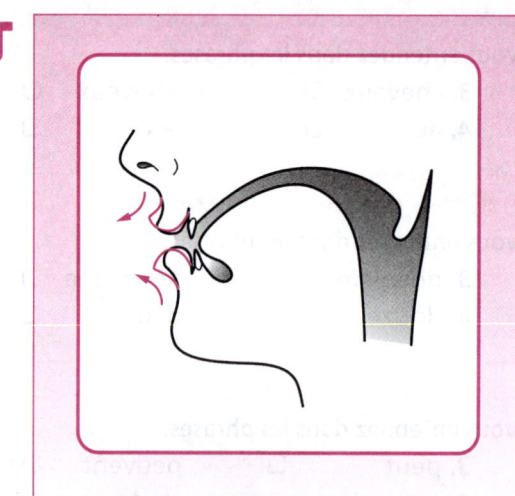

/ i / - lèvres très tirées
      - bouche très fermée

/ i / - langue très en avant
/ y / - langue très en avant

/ y / - lèvres très arrondies
      - bouche très fermée

Vous pouvez étudier la prononciation du / i / p. 26 (**prix - pré**) et p. 28 (**il - elle**).
Vous pouvez étudier la prononciation du / y / p. 50 (**roue - rue**), p. 54 (**du - deux**) et p. 180 (**Louis - lui**).

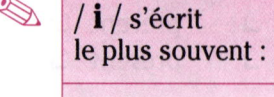

/ i / s'écrit le plus souvent :	*i î ï y*	il île haïr cycle
/ y / s'écrit le plus souvent :	- *u û ü* - *eu eû* (conjugaison du verbe « avoir ») - *uë*	perdu dû Saül j'ai eu nous eûmes aiguë

46 • quarante-six

VIE-VUE /i/ - /y/

EXERCICES

1 Répétez. Lèvres et langue en avant pour prononcer / y /.

/ i y / / i /   1. Voici une bille.   3. Voici une pile.
               2. Voici une fille.   4. Voici une ligne.

2 Répétez. Dites bien l'enchaînement vocalique *(voir p. 14)*.

/ y i /   1. Tu iras à Paris ?   3. Tu y feras des études ?
          2. Tu y resteras longtemps ? 4. Tu y travailleras ?

* En style plus familier, on peut entendre : « T'iras… » *(voir p. 21)*.

3 A : *Tu es venu lundi ?*   B : *Lundi ? Je n'ai pas pu.*

À vous ! Faites bien la chute du / ə / *(voir p. 18)*.

1. A : Tu es venu lundi ?   B : _____
   Changez les jours de la semaine.
2. A : Tu es venu mardi ?   B : _____
3. A : _____   B : _____

4 A : *Parmi vous, qui étudie la physique ?*   B : *Moi, j'étudie la physique.*

À vous ! Dites bien les deux groupes rythmiques *(voir p. 13)*.

1. A : Parmi vous, qui étudie la physique ?   B : _____
2. A : Et qui étudie la chimie ?   B : _____
3. A : Et qui étudie la sculpture ?   B : _____
4. A : Et qui étudie l'architecture ?   B : _____
5. A : Et qui étudie la musique ?   B : _____
6. A : Et qui étudie la publicité ?   B : _____

5 A : *Tu ne fumes plus ?*   B : *Si, je fume plus.*

⚠ Prononciation de « plus » :

A : Tu ne fumes plus ?   « ne… plus » est négatif ; le « s » de *plus* n'est pas prononcé.
B : Je fume plus.   « plus » signifie « davantage » ; en position finale, le « s » est prononcé.

À vous ! Dites bien l'intonation n° 4 puis l'intonation assertive n° 1 *(voir p. 20)*.

1. A : Tu ne fumes plus ?   B : _____
2. A : Tu ne luttes plus ?   B : _____
3. A : Tu ne lis plus ?   B : _____
4. A : Tu ne ris plus ?   B : _____

* En style plus familier, la phrase négative devient : « Tu fumes plus ? ».

LECTURE   Au volant, la vue c'est la vie.
              Slogan de la Prévention routière.

quarante-sept • 47

VIE-VUE / i / - / y /

EXERCICES

6 Répétez. Dites bien les liaisons obligatoires n° 6 et n° 3 *(voir p. 16)*.
1. C'était utile, ce n'est plus utile.
2. C'était humide, ce n'est plus humide.
3. C'était unique, ce n'est plus unique.
4. C'était universel, ce n'est plus universel.

7 Répétez : présent - passé composé. Dites bien les enchaînements *(voir p. 14 et 15)*.
1. Tu as une idée ? - Tu as eu une idée ?
2. Tu as une illusion ? - Tu as eu une illusion ?

8 **A :** Tu as vu ? C'est nul* ! **B :** Nul ? Tu es sûr ?
À vous ! Dites bien les deux intonations montantes n° 2.1 *(voir p. 20)*.

1.	**A :** Tu as vu ? C'est nul !	**B :** _____
2.	**A :** C'est absurde !	**B :** _____
3.	**A :** C'est ridicule !	**B :** _____
4.	**A :** C'est super* !	**B :** _____
5.	**A :** C'est sublime !	**B :** _____
6.	**A :** C'est stupide !	**B :** _____

9 **A :** Je fête mon anniversaire. Tu veux venir avec Luc ? **B :** Sûr, si tu invites Luc aussi.
À vous ! Changez les prénoms. Dites bien les enchaînements *(voir p. 14 et 15)*.

1.	**A :** Je fête mon anniversaire. Tu veux venir avec Luc ?	**B :** _____
2.	**A :** Tu veux venir avec Justine ?	**B :** _____
3.	**A :** Tu veux venir avec Muriel ?	**B :** _____
4.	**A :** Tu veux venir avec Judith ?	**B :** _____

* En style plus familier, on peut entendre : « Si t'invites… » (voir p. 21).

ÉCRITURE

Terminez l'histoire suivante. Chaque ligne doit avoir le même nombre de syllabes orales et se terminer par un participe passé en / y / (rime).

Ah ! Si j'avais su !
Je n'aurais pas dû,
Mais _____
_____
_____

_____
_____
_____
_____

VIE-VUE / i / - / y /

EXERCICES

★★★

10 Répétez. Faites bien la chute du / ə / *(voir p. 18)*.

1. Il a dû refuser.
2. Il a dû reculer.
3. Il a dû recruter.

11 A : *Ton collègue croit à une augmentation.*   B : *Et tu y crois, toi ?*

À vous ! Dites bien l'enchaînement vocalique *(voir p. 14)*.

1. A : Ton collègue croit à une augmentation.   B : _____
2. A : Il va à toutes les réunions.   B : _____
3. A : Il participe aux décisions.   B : _____
4. A : Il réussit à progresser.   B : _____
5. A : Il pense à l'avenir.   B : _____

* En style plus familier, on peut entendre : « T'y crois… » *(voir p. 21)*.

12 A : *Regarde le ciel ; comme il est pâle !*   B : *Il pâlit de plus en plus…*

À vous ! Cherchez le verbe correspondant à la couleur. Dites bien la chute du / ə / *(voir p. 18)* et la liaison obligatoire n° 1 *(voir p. 16)*.

1. A : Regarde le ciel ; comme il est pâle !   B : _____
2. A : Et l'horizon ; ce qu'il est bleu !   B : _____
3. A : Tu as vu le soleil ? Il est tout rouge !   B : _____
4. A : Il y a un gros nuage noir !   B : _____
5. A : Ce que le ciel est blanc !   B : _____
6. A : Comme le brouillard est jaune !   B : _____

* En style plus familier, on peut entendre le « s » final du deuxième « plus ».

13 A : *Tu as déjà vu une éclipse ?*   B : *Bien sûr, j'en ai déjà vu une.*

À vous ! Dites bien la liaison obligatoire n° 4 *(voir p. 16)* et l'enchaînement vocalique *(voir p. 14)*.

1. A : Tu as déjà vu une éclipse ?   B : _____
2. A : Tu as déjà connu une grande actrice ?   B : _____
3. A : Tu as déjà bu une bonne bouteille ?   B : _____
4. A : Tu as déjà eu une telle surprise ?   B : _____

LECTURE

Chimène : Rodrigue, qui l'eût cru ?
Rodrigue :   Chimène, qui l'eût dit ?
           Pierre Corneille (1606-1684), *Le Cid* (Acte III, scène 4).

⚠ Pour respecter le rythme de l'alexandrin (vers de 12 syllabes), les « e » soulignés doivent être prononcés *(voir p. 18)*.

quarante-neuf • 49

8 ROUE-RUE /u/ - /y/

Plaisir d'amour ne dure qu'un moment
Chagrin d'amour dure toute la vie.
>Jean-Pierre Claris de Florian (1755-1794).

Les mûres sont mures le long des murs
et des bouches bouchent nos yeux.
>Robert Desnos (1900-1945), *Corps et Biens*.

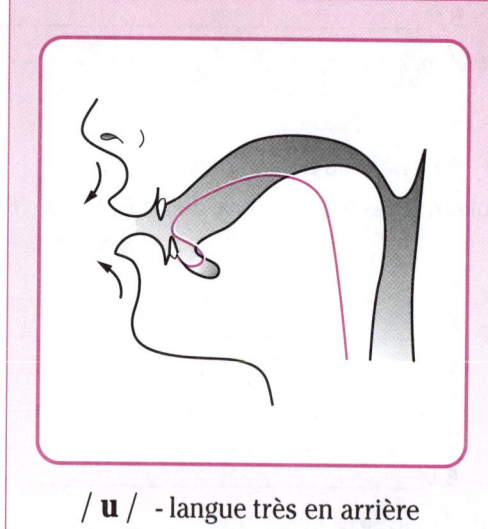

/u/ /y/ - lèvres très arrondies
- bouche très fermée

/u/ - langue très en arrière
/y/ - langue très en avant

Vous pouvez étudier la prononciation du /u/ p. 40 (**faux - fou**), p. 62 (**douzième - deuxième**) et p. 180 (**Louis - lui**).
Vous pouvez étudier la prononciation du /y/ p. 46 (**vie - vue**), p. 54 (**du - deux**), p. 96 (**une - un**) et p. 180 (**Louis - lui**).

/u/ s'écrit le plus souvent :	- *ou* *où* *oû* - *aou* - mots empruntés à l'anglais	route où goût saoul foot clown pudding
/y/ s'écrit le plus souvent :	- *u* *û* *ü* - *eu* *eû* (conjugaison du verbe « avoir ») - *uë*	perdu dû Saül j'ai eu nous eûmes aiguë

50 • cinquante

ROUE-RUE /u/-/y/

EXERCICES

1 Répétez. Langue en arrière pour /u/, en avant pour /y/.

 1. J'ouvre - Vous ouvrez - Tu ouvres.
 2. J'oublie - Vous oubliez - Tu oublies.

2 Répétez. Dites bien la liaison obligatoire n° 6 *(voir p. 16)*.

/y/ /u/   1. C'est une bouche.   3. C'est une douche.
          2. C'est une louche.   4. C'est une mouche.

3 A : C'est vraiment sûr ?   B : Tout à fait sûr.

À vous ! Dites bien un seul groupe rythmique *(voir p. 13)*.

1. A : C'est vraiment sûr ?   B : _____
2. A : C'est vraiment dur ?   B : _____
3. A : C'est vraiment juste ?   B : _____
4. A : C'est vraiment mûr ?   B : _____
5. A : C'est vraiment pur ?   B : _____
6. A : C'est vraiment nul* ?   B : _____

4 A : J'ai lu le journal.   B : Vous l'avez lu, vous ?

À vous ! Dites bien l'intonation montante n° 2.1 puis l'intonation n° 4 *(voir p. 20)*.

1. A : J'ai lu le journal.   B : _____
2. A : J'ai perdu le magazine.   B : _____
3. A : J'ai entendu la radio.   B : _____
4. A : J'ai su la nouvelle.   B : _____
5. A : J'ai vu la pub*.   B : _____

5 A : J'y couche souvent.   B : Où est-ce que tu couches ?

À vous ! Dites bien l'intonation interrogative n° 2.2 *(voir p. 20)*.

1. A : J'y couche souvent.   B : _____
2. A : J'y soupe souvent.   B : _____
3. A : J'y goûte souvent.   B : _____
4. A : J'y tourne souvent.   B : _____

LECTURE Je fume, tu fumes, il tousse, nous toussons, vous toussez, ils s'arrêtent de fumer.
Pef, *L'Ivre de français*, (1986).

cinquante et un • 51

ROUE-RUE /u/-/y/

EXERCICES

6 Répétez. Langue en avant pour / y /, en arrière pour / u /. ★★

1. Vous nous dites vous.
2. Vous nous dites tu.
3. Tu nous dis vous.
4. Tu nous dis tu.

7 Répétez. Dites bien l'enchaînement vocalique *(liaison impossible n° 2, voir p. 17)* **puis consonantique** *(voir p. 15)*.

/ u͡ y /
1. Avons-nous une option ?
2. Avons-nous une occasion ?
3. Avons-nous une indication ?
4. Avons-nous une appréciation ?

8 A : Tu couds encore ?   B : Ah, je ne couds plus du tout.

⚠ Je ne couds plus : « ne… plus » est négatif ; le « s » de « plus » n'est pas prononcé.

À vous ! Faites bien la chute du / ə / *(voir p. 18)* et l'intonation assertive n° 1 *(voir p. 20)*.

1. A : Tu couds encore ?   B : _____
2. A : Tu tousses encore ?   B : _____
3. A : Tu joues encore ?   B : _____
4. A : Tu cours encore ?   B : _____

* En style plus familier, le « ne » de la phrase négative n'est pas prononcé.

9 A : La cuisine est sur-équipée.   B : Je la trouve plutôt sous-équipée !

À vous ! Dites bien la liaison obligatoire n° 1 *(voir p. 16)*.

1. A : La cuisine est sur-équipée.   B : _____
2. A : Cette photo est sur-exposée.   B : _____
3. A : Sa fortune est sur-évaluée.   B : _____
4. A : Leur influence est sur-estimée.   B : _____

10 A : J'ai revu tout le dossier.   B : Tu as tout revu ?

À vous ! Faites bien la chute du / ə / *(voir p. 18)*.

1. A : J'ai revu tout le dossier.   B : _____
2. A : J'ai reçu tout le courrier.   B : _____
3. A : J'ai relu tous ses romans.   B : _____
4. A : J'ai refusé toutes les réponses.   B : _____

* En style plus familier, on peut entendre : « T'as… » *(voir p. 21)*.

LECTURE

Nous marchions toujours, toujours, avec toutes nos voiles, vers le Sud. […]
Et plus nous avancions dans cet océan sombre, plus ce vent devenait froid, plus cette houle était énorme.

Pierre Loti (1850-1923), *Mon frère Yves.*

« houle » : le « h » est aspiré *(voir p. 17)*.

ROUE-RUE /u/ - /y/

EXERCICES

★★★

11 Répétez. Dites bien la liaison obligatoire n° 4 *(voir p. 16)* puis les enchaînements vocaliques *(liaison facultative, voir p. 17)*.

/ u / / y y / / u /
1. Vous avez obtenu une bourse ?
2. Vous avez aperçu une foule ?
3. Vous avez entendu une troupe ?

12 A : Ces mots sont utilisés ?   B : Aujourd'hui, beaucoup plus utilisés.
À vous ! Dites bien la liaison obligatoire n° 3 *(voir p. 16)*.

1. A : Ces mots sont utilisés ?   B : _____
2. A : Ces expressions sont usuelles ?   B : _____
3. A : Ces opinions sont unanimes ?   B : _____
4. A : Ces messages sont urgents ?   B : _____
5. A : Ces remarques sont utiles ?   B : _____

13 A : Je me suis blessé.   B : Avez-vous eu une grave blessure ?
À vous ! Cherchez le nom correspondant au verbe. Dites bien les enchaînements vocaliques *(liaison impossible n° 2, voir p. 17)*.

1. A : Je me suis blessé.   B : _____
2. A : Je me suis brûlé.   B : _____
3. A : Je me suis coupé.   B : _____
4. A : Je me suis écorché.   B : _____
5. A : Je me suis gelé.   B : _____

14 A : J'ai vaincu bien des difficultés.   B : Tu en as vaincu surtout une.
À vous ! Dites bien la liaison obligatoire n° 4 *(p. 16)* et l'enchaînement vocalique *(liaison impossible n° 3, voir p. 17)*.

1. A : J'ai vaincu bien des difficultés.   B : _____
2. A : J'ai combattu bien des injustices.   B : _____
3. A : J'ai conçu bien des réformes.   B : _____
4. A : J'ai défendu bien des idées.   B : _____
5. A : J'ai obtenu bien des satisfactions.   B : _____

LECTURE

Jules n'aurait plus cette peur qu'il avait depuis le jour où il connut Kath, d'abord qu'elle le trompât — et puis seulement qu'elle mourût, puisque c'était fait.

Henri-Pierre Roché (1879-1959), *Jules et Jim*.

cinquante-trois • 53

9 DU-DEUX /y/ - /ø/

Il pl**eut** sur les ardoises
Il pl**eut** sur la basse-cour
Il pl**eut** sur les framboises
Il pl**eut** sur mon amour.

        Charles Trenet (1913-), *La Folle Complainte* (chanson).

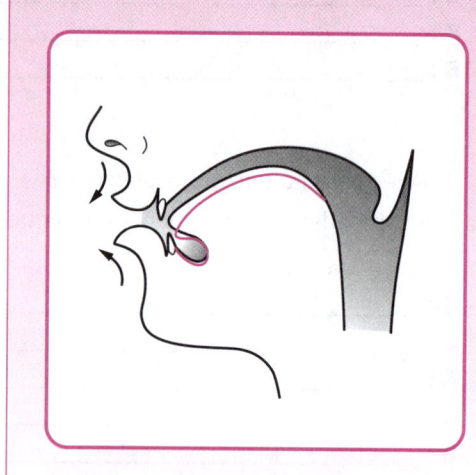

/y/ - lèvres très arrondies
    - bouche très fermée

/y/ - langue très en avant
/ø/ - langue en avant

/ø/ - lèvres très arrondies
    - bouche fermée

Vous pouvez étudier la prononciation du /y/ p. 46 (**vie - vue**), p. 50 (**roue - rue**), p. 96 (**une - un**) et p. 180 (**Louis - lui**).
Vous pouvez étudier la prononciation du /ø/ p. 58 (**chevaux - cheveux**), p. 62 (**douzième - deuxième**), et p. 66 (**œufs - œuf**).

/y/ s'écrit le plus souvent :	-u û ü -eu eû (conjugaison du verbe « avoir ») -uë	perdu dû Saül j'ai eu nous eûmes aiguë
/ø/ s'écrit le plus souvent :	-eu œu en fin de syllabe -eu + /z/ ou /t/ -eû	feu deuxième vœu Meuse feutre jeûne

54 • cinquante-quatre

DU-DEUX /y/ - /ø/

EXERCICES

1 Répétez. Fermez bien la bouche pour prononcer /ø/.

/y/ - /ø/
1. Du fromage - deux fromages.
2. Du café - deux cafés.
3. Du gâteau - deux gâteaux.
4. Du dessert - deux desserts.

2 Répétez. Dites bien les enchaînements vocaliques *(liaison impossible n° 1, voir p. 17)*.

/ø/ /y/
1. Tu peux et tu as pu.
2. Tu veux et tu as voulu.
3. Il pleut et il a plu.

3 A : *Combien de sculptures ?*   B : *Des sculptures ? Deux.*
À vous ! Dites bien l'intonation interrogative n° 2.1 puis l'intonation assertive n° 1 *(voir p. 20)*.

1. A : Combien de sculptures ?   B : _____
2. A : Combien de peintures ?   B : _____
3. A : Combien de gravures ?   B : _____
4. A : Combien de figures ?   B : _____

4 A : *Tu as lu tous tes livres ?*   B : *Je n'ai pas lu ceux-là.*
À vous ! Dites bien un seul groupe rythmique *(voir p. 13)*.

1. A : Tu as lu tous tes livres ?   B : _____
2. A : Tu as vu tous mes timbres ?   B : _____
3. A : Tu as entendu tous mes disques ? B : _____
4. A : Tu as perdu tous tes papiers ? B : _____
5. A : Tu as vendu tous tes bijoux ?   B : _____

* En style plus familier, le « ne » de la phrase négative n'est pas prononcé.

5 A : *Tu n'es pas un peu amoureuse ?*   B : *Amoureuse ? Tu rêves...*
À vous ! Dites bien l'intonation interrogative n° 2.1 puis l'intonation n° 4 *(voir p. 20)*.

1. A : Tu n'es pas un peu amoureuse ?   B : _____
2. A : Tu n'es pas un peu malheureuse ? B : _____
3. A : Tu n'es pas un peu ambitieuse ? B : _____
4. A : Tu n'es pas un peu menteuse ?   B : _____
5. A : Tu n'es pas un peu moqueuse ?   B : _____

LECTURE   Qui peut le plus, peut le moins.
Proverbe.

DU-DEUX /y/ - /ø/

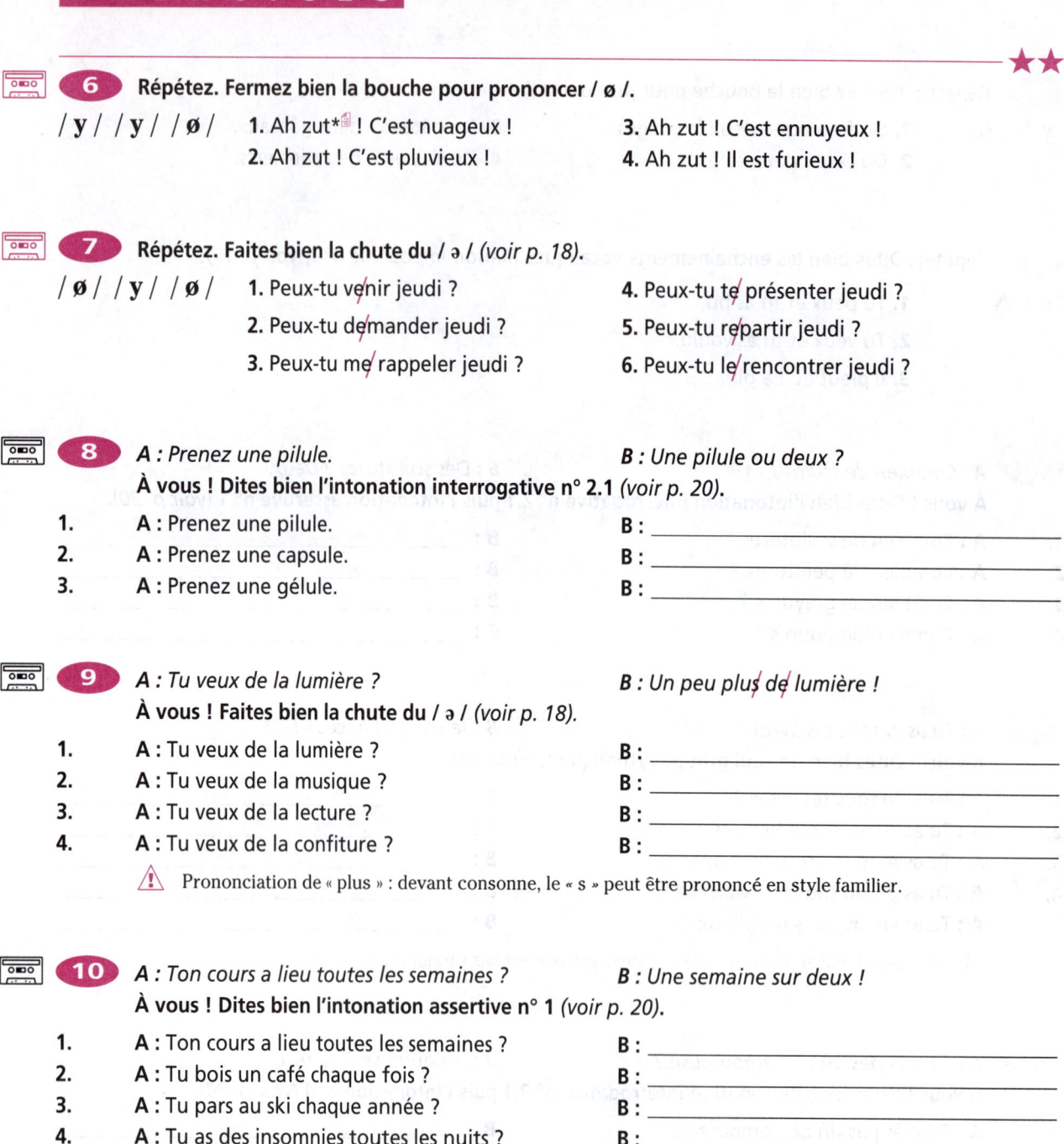

EXERCICES

6 Répétez. Fermez bien la bouche pour prononcer /ø/.

/y/ /y/ /ø/
1. Ah zut* ! C'est nuageux !
2. Ah zut ! C'est pluvieux !
3. Ah zut ! C'est ennuyeux !
4. Ah zut ! Il est furieux !

7 Répétez. Faites bien la chute du /ə/ (voir p. 18).

/ø/ /y/ /ø/
1. Peux-tu venir jeudi ?
2. Peux-tu demander jeudi ?
3. Peux-tu me rappeler jeudi ?
4. Peux-tu te présenter jeudi ?
5. Peux-tu repartir jeudi ?
6. Peux-tu le rencontrer jeudi ?

8 A : Prenez une pilule.   B : Une pilule ou deux ?
À vous ! Dites bien l'intonation interrogative n° 2.1 (voir p. 20).

1. A : Prenez une pilule.   B : _____
2. A : Prenez une capsule.   B : _____
3. A : Prenez une gélule.   B : _____

9 A : Tu veux de la lumière ?   B : Un peu plus de lumière !
À vous ! Faites bien la chute du /ə/ (voir p. 18).

1. A : Tu veux de la lumière ?   B : _____
2. A : Tu veux de la musique ?   B : _____
3. A : Tu veux de la lecture ?   B : _____
4. A : Tu veux de la confiture ?   B : _____

⚠ Prononciation de « plus » : devant consonne, le « s » peut être prononcé en style familier.

10 A : Ton cours a lieu toutes les semaines ?   B : Une semaine sur deux !
À vous ! Dites bien l'intonation assertive n° 1 (voir p. 20).

1. A : Ton cours a lieu toutes les semaines ?   B : _____
2. A : Tu bois un café chaque fois ?   B : _____
3. A : Tu pars au ski chaque année ?   B : _____
4. A : Tu as des insomnies toutes les nuits ?   B : _____
5. A : Tu fais une pause toutes les heures ?   B : _____

LECTURE

Poètes, race disparue
Victor Margueritte, l'un d'eux
Il loge chez sa maman rue
Bellechasse, quarante-deux.

Stéphane Mallarmé (1842-1898), *Écrivains XXV, Vers de circonstance*.

DU-DEUX /y/ - /ø/

EXERCICES

★★★

11 Répétez. Fermez bien la bouche pour prononcer / ø /.

/ y / / ø / / y / / ø /   1. Tu veux du feu ?   3. Tu veux du bleu ?
　　　　　　　　　　　　2. Tu veux du feutre ?   4. Tu veux du lieu ?

12 Répétez. Faites bien la chute du / ə / (voir p. 18).

/ y / / ø / / y /   1. Il n'y a plus que deux flûtes.   3. Il n'y a plus que deux mûres.
　　　　　　　　　　2. Il n'y a plus que deux prunes.   4. Il n'y a plus que deux sucres.

* En style plus familier, on peut entendre : « Y a plus que... » ou même « Y a p'us que... » (voir p. 21).

13   A : Il faudrait conclure !   B : C'est à eux de conclure.
À vous ! Faites bien la chute du / ə / (voir p. 18).

1.   A : Il faudrait conclure !   B : _____
2.   A : Il faudrait l'exclure !   B : _____
3.   A : Il faudrait l'inclure !   B : _____

14   A : Ces récits sont fabuleux.   B : Les tiens sont fabuleux eux aussi.
À vous ! Dites bien les enchaînements vocaliques (liaisons impossible n° 1 et facultative, voir p. 17).

1.   A : Ces récits sont fabuleux !   B : _____
2.   A : Les dessinateurs sont méticuleux.   B : _____
3.   A : Leurs travaux sont fructueux.   B : _____
4.   A : Leurs projets sont fumeux*.   B : _____
5.   A : Leurs plans sont curieux.   B : _____

ÉCRITURE

Continuez ce portrait, commencé par le chanteur Renaud (né en 1952), d'une rencontre de vacances. Chaque ligne doit se terminer par la syllabe / øz / (rime).

Elle était un p'tit peu campeuse,　　　　　　　_____

Un p'tit peu auto-stoppeuse,　　　　　　　　　_____

_____　　　　　_____

LECTURE

Leur pulpe était délicate et savoureuse comme la chair qui saigne [...]
André Gide (1869-1951), *Les Nourritures terrestres*.

10 CHEVAUX-CHEVEUX /o/ - /ø/

Un tien v**au**t mi**eu**x que d**eu**x tu l'**au**ras !
Proverbe.

Vivez, si m'en croyez, n'attendez à demain ;
C**uei**llez dès **au**jourd'hui les r**o**ses de la vie.
Pierre de Ronsard (1524-1585), *Sonnets pour Hélène.*

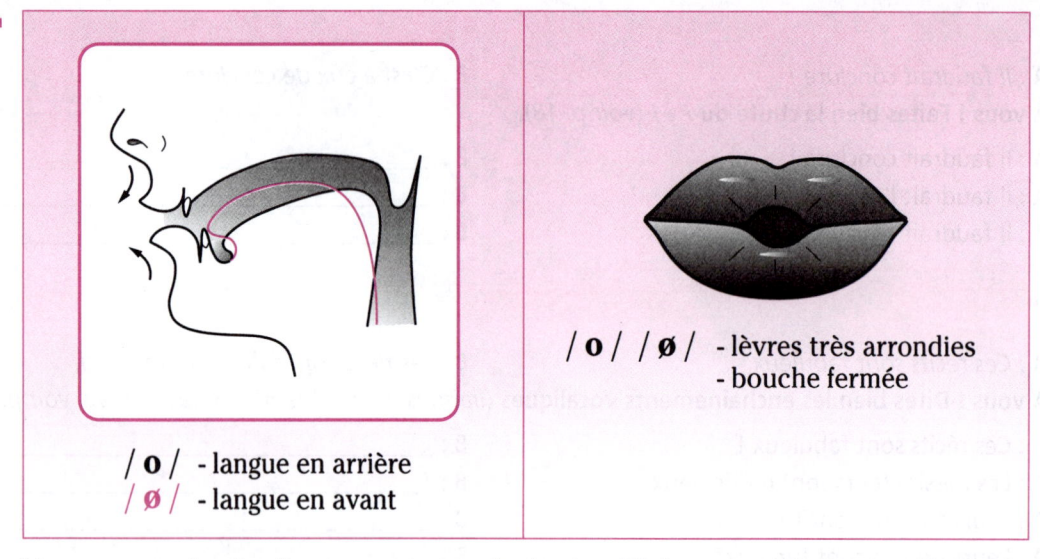

/o/ /ø/ - lèvres très arrondies
- bouche fermée

/o/ - langue en arrière
/ø/ - langue en avant

Vous pouvez étudier la prononciation du /o/ p. 36 (**notre - nôtre**) et p. 40 (**faux - fou**).
Vous pouvez étudier la prononciation du /ø/ p. 54 (**du - deux**), p. 62 (**douzième - deuxième**) et p. 66 (**œufs - œuf**).

/o/ s'écrit le plus souvent :	- *eau* - *au* - *o* en fin de mot - *o* suivi d'une consonne non prononcée - *o* + /z/ - *ô*	*beau Beauce* *matériau haut haute* *do* *dos* *rose* *côte*
/ø/ s'écrit le plus souvent :	- *eu* *œu* en fin de syllabe - *eu* + /z/ ou /t/ - *eû*	*feu deuxième vœu* *Meuse meute* *jeûne*

CHEVAUX-CHEVEUX /o/ - /ø/

EXERCICES

1 Répétez. Fermez bien la bouche pour prononcer /o/ et /ø/.

/ o / / ø /
1. Il faut deux billets.
2. Il faut deux visas.
3. Il faut deux tampons.
4. Il faut deux contrôles.

2 Répétez. Dites bien l'enchaînement vocalique *(liaison facultative, voir p. 17)*.

/ ø o /
1. Eux aussi, ils viennent.
2. Eux aussi, ils partent.
3. Eux aussi, ils dorment.
4. Eux aussi, ils sortent.

3 A : Quel est le diminutif de Jacques ?   B : Jacquot, peut-être...

* Dans des situations familières ou affectueuses, on peut entendre un diminutif en / **o** / pour certains prénoms.

À vous ! Cherchez les diminutifs de ces prénoms.

1. A : Quel est le diminutif de Jacques ?   B : _____
2. A : Celui de Pierre ?   B : _____
3. A : Et de Charles ?   B : _____
4. A : Celui de Jean ?   B : _____
5. A : De Paul ?   B : _____
6. A : Quel est le diminutif de Georges ?   B : _____
7. A : Et celui de Marguerite ?   B : _____
8. A : De Madeleine ?   B : _____

4 A : J'ai gagné au loto.   B : Au loto, de mieux en mieux...

À vous ! Dites bien les deux groupes rythmiques *(voir p. 13)*.

1. A : J'ai gagné au loto.   B : _____
2. A : J'ai gagné au bingo.   B : _____
3. A : J'ai gagné aux dominos.   B : _____
4. A : J'ai gagné au casino.   B : _____

LECTURE

Maître de philosophie :
— On peut les mettre [ces paroles-là] premièrement comme vous avez dit : « Belle marquise, vos beaux yeux me font mourir d'amour. » Ou bien : « D'amour mourir me font, belle marquise, vos beaux yeux. » Ou bien : « Vos yeux beaux d'amour me font, belle marquise, mourir. » Ou bien : « Mourir vos beaux yeux, belle marquise, d'amour me font. » Ou bien : « Me font vos beaux yeux mourir, belle marquise, d'amour. »

Molière (1622-1673), *Le Bourgeois Gentilhomme* (Acte II, scène 4).

CHEVAUX-CHEVEUX /o/ - /ø/

EXERCICES

5 Répétez. Dites bien la liaison obligatoire n° 2 *(voir p. 16)*. ★★

/ø/ /ø/ /o/ /o/
1. Qui veut deux beaux artichauts ?
2. Qui veut deux beaux abricots ?
3. Qui veut deux beaux escargots ?
4. Qui veut deux beaux haricots ?

« haricot » : le « h » est aspiré (voir p. 17).

6 Répétez. Dites bien les enchaînements vocaliques *(voir p. 14)*.

/ø/ /o o/
1. Je jouais un peu en solo autrefois.
2. Je jouais un peu en duo autrefois.
3. Je jouais un peu en trio autrefois.

7 A : On* part de Paris ou de Bordeaux ?   B : Il vaut mieux partir de Bordeaux.

À vous ! Dites bien les deux groupes rythmiques *(voir p. 13)*. **Changez bien la préposition.**

1. A : On part de Paris ou de Bordeaux ?   B : _____
2. A : On part vers Paris ou vers Bordeaux ?   B : _____
3. A : On part pour Paris ou pour Bordeaux ?   B : _____
4. A : On part à Paris ou à Bordeaux ?   B : _____

8 A : Tu as lu Victor Hugo ?   B : Hugo ? Trop peu.

À vous ! Dites bien l'intonation interrogative n° 2.1 puis assertive n° 1 *(voir p. 20)*.

1. A : Tu as lu Victor Hugo ?   B : _____
2. A : Tu as lu Arthur Rimbaud ?   B : _____
3. A : Tu as lu Jean-Jacques Rousseau ?   B : _____
4. A : Tu as lu Clément Marot ?   B : _____
5. A : Tu as lu Raymond Queneau ?   B : _____

Écrivains : Victor Hugo (1802-1885) ; Arthur Rimbaud (1854-1891) ; Jean-Jacques Rousseau (1712-1778) ; Clément Marot (1496-1544) ; Raymond Queneau (1903-1976).

ÉCRITURE

Trouvez le nom d'autres artistes. Adaptez le verbe de la question au type d'œuvre.

Tu as entendu Jean-Philippe Rameau ? Jean-Philippe Rameau (1683-1764) : musicien ;
Tu as admiré Pablo Picasso ? Pablo Picasso (1881-1973) : peintre.

_____
_____
_____

LECTURE

De deux maux, mieux vaut choisir le moindre.

Proverbe.

CHEVAUX-CHEVEUX / o / - / ø /

EXERCICES

9 Répétez. Dites bien l'enchaînement vocalique *(liaison impossible n° 1, voir p. 17)*.

/ o / / ø o /
1. Il en faut deux au moins.
2. Il en pose deux au moins.
3. Il en chauffe deux au moins.
4. Il en fauche* deux au moins.

10 Répétez. Dites bien l'enchaînement consonantique *(voir p. 15)* puis vocalique *(liaison impossible n° 1, voir p. 17)*.

/ ø / / ø o /
1. Peu d'entre eux osent le déranger.
2. Peu d'entre eux osent le prévenir.
3. Peu d'entre eux osent le contredire.
4. Peu d'entre eux osent le détromper.
5. Peu d'entre eux osent le démentir.

11 A : *Une fois de plus, le chef a été furieux !* B : *Furieux ? Oh, trop c'est trop !*
À vous ! Dites bien l'intonation interrogative n° 2.1 puis exclamative n° 3 *(voir p. 20)*.

1. A : Une fois de plus, le chef a été furieux ! B : _____
2. A : Il a été odieux ! B : _____
3. A : … haineux ! B : _____
4. A : … injurieux ! B : _____
5. A : … hargneux ! B : _____
6. A : … teigneux ! B : _____

12 A : *Tu devrais demander des secours.* B : *Je ne veux aucun secours.*
À vous ! Dites bien l'enchaînement vocalique *(liaison impossible n° 2, voir p. 17)*.

1. A : Tu devrais demander des secours. B : _____
2. A : Tu devrais demander des conseils. B : _____
3. A : Tu devrais demander du soutien. B : _____
4. A : Tu devrais demander du piston. B : _____

* En style plus familier, le « ne » de la phrase négative n'est pas prononcé.

ÉCRITURE

Continuez cette chanson commencée par Jacques Brel (1929-1978). Chaque ligne doit avoir cinq syllabes et se terminer par la voyelle / ø / (rime).

Les filles
C'est beau comme un jeu
C'est beau comme un feu
C'est beaucoup trop peu
_____

_____
_____
_____
_____

LECTURE

Peu de chose nous console, parce que peu de chose nous afflige.

Blaise Pascal (1623-1662), *Pensées (IX, 25)*.

soixante et un • 61

11 DOUZIÈME-DEUXIÈME / u / - / ø /

> Hélas ! Si **vous** vou**liez**, que je serais h**eureu**x !
> Pierre Corneille (1606-1684), *Sonnet.*

> Seul le ch**ou**-fleur a l'air h**eureu**x
> de p**ou**rrir sans savoir qu'il p**ou**rrit
> ni qu'il est un ch**ou**-fleur.
> Alain Bosquet (1919-), *Le Chou-fleur, Quatre testaments.*

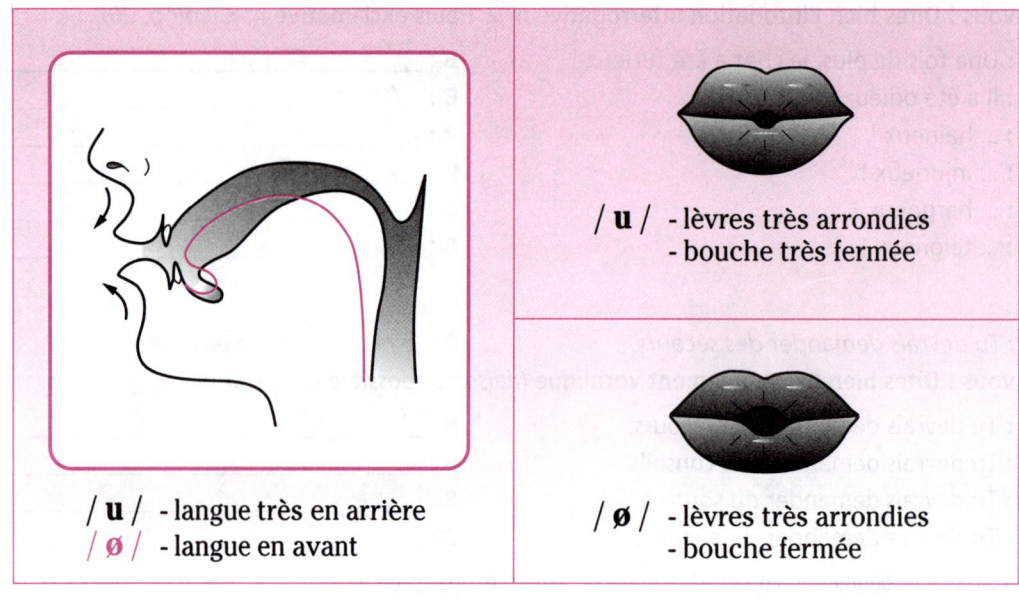

/ u / - lèvres très arrondies
- bouche très fermée

/ u / - langue très en arrière
/ ø / - langue en avant

/ ø / - lèvres très arrondies
- bouche fermée

Vous pouvez étudier la prononciation du / u / p. 40 (**faux - fou**), p. 50 (**roue - rue**) et p. 180 (**Louis - lui**).
Vous pouvez étudier la prononciation du / ø / p. 54 (**du - deux**), p. 58 (**chevaux - cheveux**) et p. 66 (**œufs - œuf**).

/ u / s'écrit le plus souvent :	- *ou où oû* - *aou* - mots empruntés à l'anglais	*route où goût* *saoul* *foot clown pudding*
/ ø / s'écrit le plus souvent :	- *eu œu* en fin de syllabe - *eu* + / z / ou / t / - *eû*	*feu deuxième vœu* *Meuse meute* *jeûne*

DOUZIÈME-DEUXIÈME /u/ - /ø/

EXERCICES

1 Répétez. Langue très en arrière pour /u/, langue en avant pour /ø/.

/u/ - /ø/   1. Nous tou<u>s</u>. - Nous deux.

2. Eux tou<u>s</u>. - Eux deux.

3. Pour eux tou<u>s</u>. - Pour nous deux.

⚠ Prononciation de « tous » : « tous » est un pronom, le « s » est prononcé.

2 Répétez. Dites bien l'enchaînement vocalique *(voir p. 14)*.

/ø u/   1. C'est peu ou c'est beaucoup ?   4. C'est mieux ou c'est moins bien ?

2. C'est bleu ou c'est vert ?   5. C'est creux ou c'est plat ?

3. C'est vieux ou c'est récent ?

3 A : *Ces deux écharpes me plaisent.*   B : *Les deux vous plaisent ?*

À vous ! **Dites bien l'intonation interrogative n° 2.1** *(voir p. 20)*.

1. A : Ces deux écharpes me plaisent.   B : _____
2. A : Elles me tentent.   B : _____
3. A : Elles me vont.   B : _____
4. A : Elles me conviennent.   B : _____

4 A : *Tes parents ont l'air malheureux...*   B : *Ils sont malheureux pour moi.*

À vous ! **Dites bien les deux groupes rythmiques** *(voir p. 13)*.

1. A : Tes parents ont l'air malheureux...   B : _____
2. A : Ils ont l'air soucieux...   B : _____
3. A : Ils ont l'air nerveux...   B : _____
4. A : Ils ont l'air anxieux...   B : _____
5. A : Ils ont l'air ambitieux...   B : _____
6. A : Ils ont l'air heureux...   B : _____

5 A : *Dans ton jardin, ça pousse bien ?*   B : *Ça* pousse beaucoup mieux.*

À vous ! **Dites bien l'intonation assertive n° 1** *(voir p. 20)*.

1. A : Dans ton jardin, ça pousse bien ?   B : _____
2. A : Ton couteau, ça coupe bien ?   B : _____
3. A : Ton savon, ça mousse bien ?   B : _____
4. A : Sur l'autoroute, ça roule bien ?   B : _____

LECTURE   À nous deux maintenant !

Honoré de Balzac (1799-1850), *Le Père Goriot*.

soixante-trois • 63

DOUZIÈME-DEUXIÈME / u / - / ø /

EXERCICES

★★

6 Répétez. Dites bien les enchaînements consonantiques *(voir p. 15)*.

/ ø z u /
1. Elle est chanteuse ou danseuse.
2. Elle est patineuse ou nageuse.
3. Elle est masseuse ou guérisseuse.
4. Elle est coiffeuse ou maquilleuse.
5. Elle est enquêteuse ou contrôleuse.

7 Répétez. Langue en avant pour / ø /, très en arrière pour / u /.

/ ø / - / u /
1. Va au deuxième ! - Va au douzième !
2. C'est dans le deuxième ! - C'est dans le douzième !
3. Achète deux œufs ! - Achète douze œufs !
4. Attends deux heures ! - Attends douze heures !

8 A : *C'est nuageux ?* B : *Ça deviendra nuageux sous peu.*

À vous ! Faites bien la chute du / ə / *(voir p. 18)*.

1. A : C'est nuageux ? B : _____
2. A : C'est pluvieux ? B : _____
3. A : C'est neigeux ? B : _____
4. A : C'est orageux ? B : _____
5. A : C'est venteux ? B : _____

9 A : *Je prends des billets ?* B : *Prends-en deux ou trois !*

À vous ! Dites bien la liaison obligatoire n° 5 *(voir p. 16)*, **puis l'enchaînement vocalique** *(liaison facultative, voir p. 17)*.

1. A : Je prends des billets ? B : _____
2. A : Je retiens des places ? B : _____
3. A : Je choisis des prospectus ? B : _____
4. A : J'appelle des hôtels ? B : _____
5. A : Je visite des chambres ? B : _____
6. A : Je demande des brochures ? B : _____

LECTURE

Doña Sol : Je ne vous en veux pas. Seulement j'en mourrai.
Hernani : Mourir ? pour qui ? pour moi ? Se peut-il que tu meures
Pour si peu ?
Doña Sol : Voilà tout.

Victor Hugo (1802-1885), *Hernani* (Acte III, scène 4).

DOUZIÈME-DEUXIÈME / u / - / ø /

EXERCICES

★★★

10 Répétez. Langue en avant pour / ø /, langue en arrière pour / u /.

1. Il en veut pour nous deux.
2. Il en veut pour vous deux.
3. Il en veut pour tous deux.
4. Il en veut pour eux deux.

11 Répétez ces expressions. Faites bien les chutes du / ə / (voir p. 18).

1. C'est le moment du coup de feu.
2. J'ai eu deux coups de foudre dans ma vie.
3. Je viendrai sur le coup de deux heures.
4. Je suis sous le coup de deux condamnations.

12 A : Le formateur commence avec les cadres.   B : Avec eux ou avec vous ?

À vous ! Dites bien l' enchaînement consonantique (voir p. 15) puis l'enchaînement vocalique (liaison impossible n° 1, voir p. 17) et l'intonation interrogative n° 2.1 (voir p. 20).

1. A : Le formateur commence avec les cadres. B : _____
2. A : Il continue sans eux. B : _____
3. A : Il passe par eux. B : _____
4. A : Il termine chez eux. B : _____
5. A : Il l'a fait pour eux. B : _____

13 A : Je peux le faire.   B : Si vous pouvez le faire, je peux aussi.

À vous ! Faites bien la chute du / ə / mais prononcez le / ə / de « je » (voir p. 18).

1. A : Je peux le faire. B : _____
2. A : Je peux le croire. B : _____
3. A : Je peux le supporter. B : _____
4. A : Je peux le comprendre. B : _____
5. A : Je peux le chercher. B : _____

ÉCRITURE

Trouvez l'adjectif en / ø / formé sur les noms suivants.

Exemple : vigueur : vigoureux.

⚠ Les adjectifs ne se forment pas tous sur le même modèle.

vigueur : _____   houle : _____   souci : _____
saveur : _____   fougue : _____ goût : _____
douleur : _____   doute : _____   oubli : _____
rigueur : _____   mousse : _____ coût : _____

LECTURE

Un coup de feu au genou ; et Dieu sait les bonnes et mauvaises aventures amenées par ce coup de feu.

Denis Diderot (1713-1784), *Jacques le Fataliste*.

soixante-cinq • 65

12 ŒUFS-ŒUF /ø/ - /œ/

J'ai vu un gros b**œu**f
Danser sur des **œu**fs
Sans rien en casser.
                  Chanson populaire.

Un homme h**eu**r**eu**x est celui dont le bonh**eu**r est écrit là-haut ; et par conséquent celui dont le malh**eu**r est écrit là-haut est un homme malh**eu**r**eu**x.
                  Denis Diderot (1713-1784), *Jacques le Fataliste.*

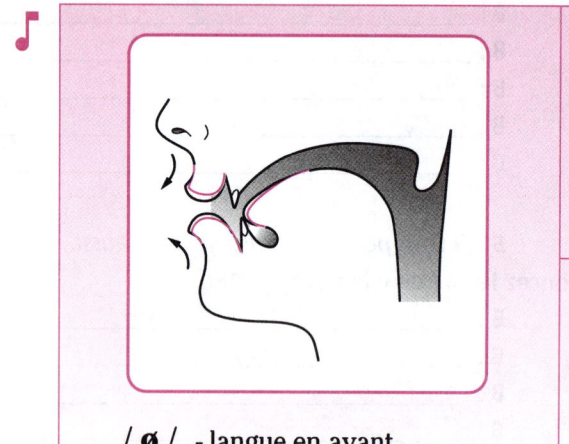

/ø/ - lèvres très arrondies
    - bouche fermée

/ø/ - langue en avant
/œ/ - langue très peu en avant

/œ/ - lèvres arrondies
    - bouche presque ouverte

Vous pouvez étudier la prononciation du /ø/ p. 54 (**du - deux**), p. 58 (**chevaux - cheveux**) et p. 62 (**douzième - deuxième**).

⚠ En syllabe non accentuée, on peut entendre un /Œ/ intermédiaire. *Exemple* : déj**eu**ner.

/ø/ s'écrit le plus souvent :	- *eu* *œu* en fin de syllabe - *eu* + /z/ ou /t/ - *eû*	feu deuxième vœu Meuse meute jeûne
/œ/ s'écrit le plus souvent :	- *eu* *œu* + consonne prononcée autre que /z/ ou /t/ - Cas particuliers : « *-cueil* » ou « *-gueil* » mots empruntés à l'anglais	heure œuf accueil orgueil œil club t-shirt roller

ŒUFS-ŒUF /ø/ - /œ/

EXERCICES

1 Répétez. Lèvres très arrondies pour /ø/, arrondies pour /œ/.

/ø/ /œ/
1. Il y a deux fleurs.
2. Il y a deux feuilles.
3. Il y a deux chœurs.

2 Répétez : singulier - pluriel.

/œ/ - /ø/
1. C'est un gros bœuf. - Ce sont de gros bœufs.
2. Tu veux un œuf ? - Tu veux des œufs ?
3. Elle a l'œil noir. - Elle a les yeux noirs.

3 A : Tu veux leur accord ? B : Mais oui, je veux leur accord.
À vous ! Dites bien l'intonation n° 4 puis l'intonation assertive n° 1 *(voir p. 20)*.

1. A : Tu veux leur accord ? B : _____
2. A : Tu veux leur explication ? B : _____
3. A : Tu veux leur assurance ? B : _____
4. A : Tu veux leur invitation ? B : _____

4 A : J'aimerais te voir demain. B : À quelle heure peux-tu me voir ?
À vous ! Dites bien l'intonation interrogative n° 2.2 *(voir p. 20)*.

1. A : J'aimerais te voir demain. B : _____
2. A : J'aimerais te rencontrer demain. B : _____
3. A : J'aimerais te téléphoner demain. B : _____
4. A : J'aimerais te joindre demain. B : _____

5 A : Tu mettrais combien d'œufs ? B : J'en mettrais deux seulement.
À vous ! Dites bien les deux groupes rythmiques *(voir p. 13)*.

1. A : Tu mettrais combien d'œufs ? B : _____
2. A : Tu mangerais combien d'œufs ? B : _____
3. A : Tu goûterais combien d'œufs ? B : _____
4. A : Tu prendrais combien d'œufs ? B : _____

LECTURE Un balai neuf glisse mieux mais le vieux connaît les coins.
Proverbe.

LECTURE Il pleure dans mon cœur
Comme il pleut sur la ville.

Paul Verlaine (1844-1896), *Romances sans paroles.*

soixante-sept • 67

ŒUFS-ŒUF / ø / - / œ /

EXERCICES

6 Répétez. Lèvres très arrondies pour / ø /, arrondies pour / œ /.

/ ø / / œ / / ø /
1. Un peu de cerfeuil, peut-être ?
2. Un peu de tilleul, peut-être ?
3. Un peu de millefeuille, peut-être ?

7 Répétez. Dites bien l'enchaînement vocalique *(liaison impossible n° 2, voir p. 14)*.

/ œ / / ø /
1. Réparez un seul pneu.
2. Allumez un seul feu.
3. Fabriquez un seul nœud.
4. Prononcez un seul vœu.

8 A : Il est deux heures ?   B : Il est presque deux heures.

À vous ! Dites bien le / ə / final *(voir p. 18)* et la liaison obligatoire n° 2 *(voir p. 16)*.

1. A : Il est deux heures ?   B : _____
2. A : Il est deux heures deux ?   B : _____
3. A : Il est vingt-deux heures ?   B : _____
4. A : Il est vingt-deux heures deux ?   B : _____

⚠ Prononciation des composés de « vingt » : le « t » final est prononcé : « vingt-deux ».

9 A : Il reste du beurre ?   B : Il ne reste qu'un tout petit peu de beurre.

À vous ! Faites bien les chutes du / ə / *(voir p. 18)*.

1. A : Il reste du beurre ?   B : _____
2. A : Il reste du bœuf ?   B : _____
3. A : Il reste de l'œuf ?   B : _____

* En style plus familier, le « ne » de la phrase négative n'est pas prononcé et on peut même entendre : « l' rest' qu'un ... » *(voir p. 21)*.

10 A : C'est une bonne travailleuse.   B : C'est vrai, c'est la meilleure des travailleuses.

À vous ! Dites bien l'intonation assertive n° 1 *(voir p. 20)*.

1. A : C'est une bonne travailleuse.   B : _____
2. A : C'est une bonne marcheuse.   B : _____
3. A : C'est une bonne serveuse.   B : _____
4. A : C'est une bonne bricoleuse.   B : _____
5. A : C'est une bonne logeuse.   B : _____

LECTURE

... Anne, ta seule grâce
Éteindre peut le feu que je sens bien,
Non point par eau, par neige ni par glace,
Mais par sentir un feu pareil au mien.

Clément Marot (1496-1544), *D'Anne qui lui jeta de la neige.*

ŒUFS-ŒUF /ø/ - /œ/

EXERCICES

11 Répétez. Dites bien l'enchaînement avec la consonne finale du subjonctif *(voir p. 15).*

/ø/ / /œ/ / /ø/
1. Il se peut qu'il pleuve un peu.
2. Il se peut qu'il nous émeuve un peu.
3. Il se peut qu'il nous en veuille un peu.

12 Répétez ces expressions.
1. Elle est très fleur bleue.
2. Je préfère le bœuf bleu.
3. Tu m'as fait une peur bleue.
4. Voici l'heure bleue.

13 A : Tes copains sont joueurs comme toi ?   B : Bien sûr, ils sont joueurs/eux aussi.

À vous ! Dites bien l'enchaînement consonantique *(liaison impossible n° 1, voir p. 17)* puis l'enchaînement vocalique *(liaison facultative, voir p. 17).*

1. A : Tes copains sont joueurs comme toi ?   B : _____
2. A : Ils sont farceurs comme toi ?   B : _____
3. A : Ils sont blagueurs comme toi ?   B : _____
4. A : Ils sont rêveurs comme toi ?   B : _____
5. A : Ils sont bluffeurs* comme toi ?   B : _____

14 A : Tes parents veulent partir ?   B : Pourvu qu'eux deux veuillent partir !

À vous ! Dites bien les deux groupes rythmiques *(voir p. 13).*

1. A : Tes parents veulent partir ?   B : _____
2. A : Ils veulent s'en aller ?   B : _____
3. A : Ils veulent s'éloigner ?   B : _____

ÉCRITURE

On peut entendre, dans le style familier des jeunes et dans les chansons rap, des mots issus du verlan tels que « ripou » pour « pourri ».
Dans certains cas, il y a interversion des consonnes avec introduction d'un /œ/.
C'est ainsi que « arabe » se transforme en « beur », « femme » en « meuf », « fête » en « teuf », « sac » en « keus », « mère » en « reum », « flic » en « keuf », « mec » en « keum », père en « reup »…

Trouvez des proverbes en verlan sur le modèle de :
Qui vole un œuf, vole un bœuf.

Exemple :
Qui va à la teuf, y va avec une meuf.

_____
_____
_____
_____
_____

13 ◆ LES-LE / e / - / ə /

Dedans Paris, dedans Rouen, / Il y a des comtes et des comtesses,
Il y a des ducs et des barons / Qui regrettent la mort de Biron.
Chanson populaire (1602).

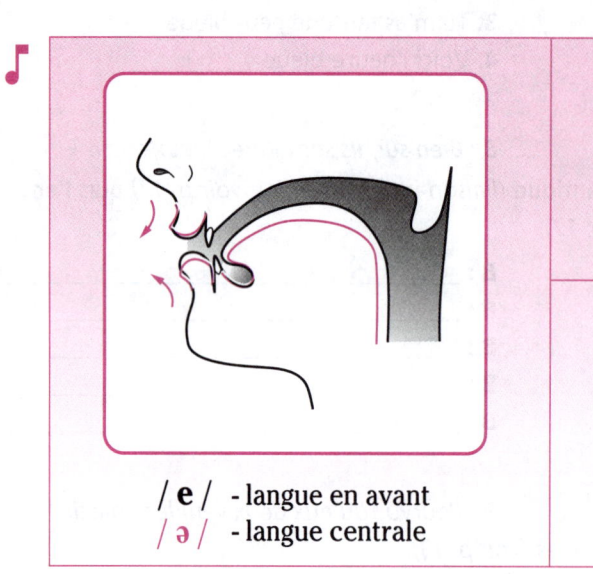

/ e / - langue en avant	/ e / - lèvres très tirées
/ ə / - langue centrale	- bouche fermée
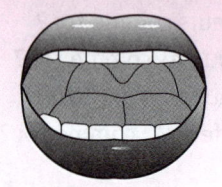	/ ə / - lèvres arrondies
	- bouche presque ouverte

Vous pouvez étudier la prononciation du / e / p. 26 (**prix - pré**), p. 30 (**parlait - parlé**), p. 34 (**les - la**) et p. 74 (**j'ai - je**).
Vous pouvez étudier la prononciation du / ə / p. 74 (**j'ai - je**) et p. 78 (**la - le**). Cette voyelle peut également ne pas être prononcée (chute du / ə /), voir p. 18.

⚠ Le / ə /, normalement prononcé « ouvert » comme / œ /, peut se prononcer / ø / « fermé » en syllabe accentuée (voir p. 66).

/ e / s'écrit le plus souvent :	- *é*	*chanté*
	- *e* + « *r, z, f, d* » non prononcés en fin de mot	*chanter chantez* *clef pied*
	- *e* + double consonne sauf dans les monosyllabes (p. 30)	*dessin*
	- *es* dans les monosyllabes ⚠	*les*
	- *ai* final ⚠	*gai j'aimai j'aimerai*
/ ə / s'écrit le plus souvent :	- *e* dans les monosyllabes	*le*
	- *e* en fin de syllabe	*reprendre*
	- *e* suivi de *ss*	*dessus*
	- Cas particuliers : *on*	*monsieur*
	ais dans les formes de « faire »	*faisons faisait*

⚠ Dans ces cas, on peut entendre un / E / intermédiaire (voir p. 30).

LES-LE / e / - / ə /

EXERCICES

1 Répétez : pluriel - singulier. Lèvres arrondies pour / ə /.

/ e / - / ə /
1. Les chefs - Le chef.
2. Les patrons - Le patron.
3. Les présidents - Le président.
4. Les directeurs - Le directeur.

2 Répétez : pluriel - singulier. Faites bien la chute du / ə / au singulier *(voir p. 18)*.

/ e / - / ə /
1. On les sucre. - On le/sucre.
2. On les sale. - On le/sale.
3. On les poivre. - On le/poivre.
4. On les goûte. - On le/goûte.
5. On les mange. - On le/mange.

3 A : *Je cherche des ciseaux.*   B : *Il n'y a pas de/ciseaux.*
À vous ! Faites bien la chute du / ə / *(voir p. 18)*.

1. A : Je cherche des ciseaux.   B : _____
2. A : Je cherche des stylos.   B : _____
3. A : Je cherche des cahiers.   B : _____
4. A : Je cherche des crayons.   B : _____

* En style plus familier, on peut entendre : « Y a pas... » *(voir p. 21)*.

4 A : *À qui sont ces affaires ?*   B : *Ce sont mes affaires.*
À vous ! Dites bien un seul groupe rythmique *(voir p. 13)*.

1. A : À qui sont ces affaires ?   B : _____
2. A : Et ces chaussures ?   B : _____
3. A : Et ces lunettes ?   B : _____
4. A : Et ces gants ?   B : _____
5. A : Et ces skis ?   B : _____

* En style plus familier, on peut entendre « c'est mes... » *(voir p. 21)*.

5 A : *J'achète le fromage ?*   B : *Mais oui, achète-le !*
À vous ! Dites bien le / ə / tonique *(voir p. 18)*.

1. A : J'achète le fromage ?   B : _____
2. A : Je coupe le pain ?   B : _____
3. A : Je prépare le dessert ?   B : _____
4. A : Je sors le vin ?   B : _____
5. A : Je sers le cognac ?   B : _____

LECTURE   Beaucoup de premiers seront derniers et de derniers seront premiers.
Nouveau Testament (Évangile selon saint Matthieu, chap. 19, verset 30).

soixante et onze • 71

LES-LE /e/-/ə/

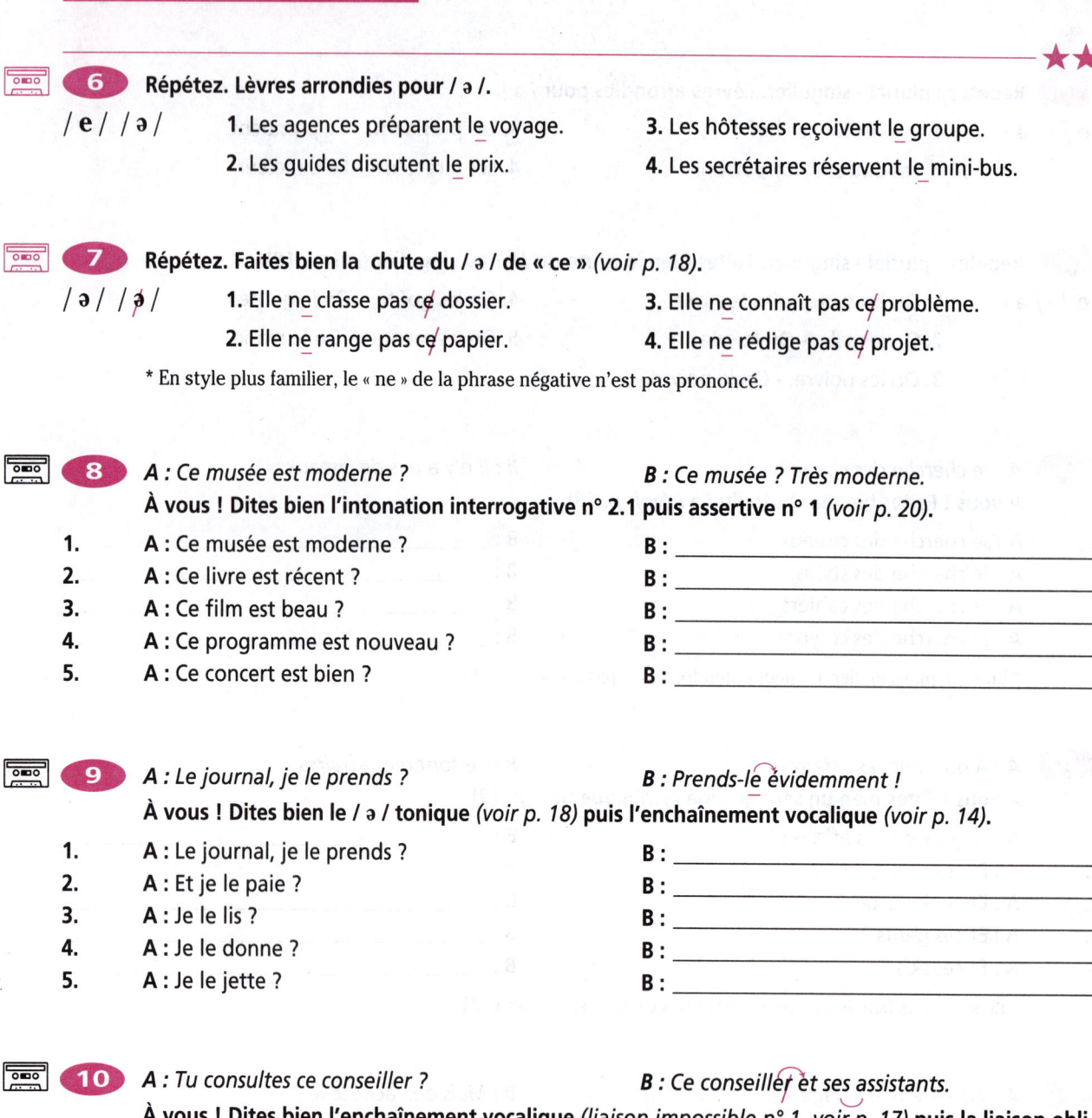

EXERCICES

6 Répétez. Lèvres arrondies pour /ə/.

/e/ /ə/
1. Les agences préparent le voyage.
2. Les guides discutent le prix.
3. Les hôtesses reçoivent le groupe.
4. Les secrétaires réservent le mini-bus.

7 Répétez. Faites bien la chute du /ə/ de « ce » (voir p. 18).

/ə/ /ə/
1. Elle ne classe pas ce dossier.
2. Elle ne range pas ce papier.
3. Elle ne connaît pas ce problème.
4. Elle ne rédige pas ce projet.

* En style plus familier, le « ne » de la phrase négative n'est pas prononcé.

8 A : Ce musée est moderne ?   B : Ce musée ? Très moderne.

À vous ! Dites bien l'intonation interrogative n° 2.1 puis assertive n° 1 (voir p. 20).

1. A : Ce musée est moderne ?   B : _____
2. A : Ce livre est récent ?   B : _____
3. A : Ce film est beau ?   B : _____
4. A : Ce programme est nouveau ?   B : _____
5. A : Ce concert est bien ?   B : _____

9 A : Le journal, je le prends ?   B : Prends-le évidemment !

À vous ! Dites bien le /ə/ tonique (voir p. 18) puis l'enchaînement vocalique (voir p. 14).

1. A : Le journal, je le prends ?   B : _____
2. A : Et je le paie ?   B : _____
3. A : Je le lis ?   B : _____
4. A : Je le donne ?   B : _____
5. A : Je le jette ?   B : _____

10 A : Tu consultes ce conseiller ?   B : Ce conseiller et ses assistants.

À vous ! Dites bien l'enchaînement vocalique (liaison impossible n° 1, voir p. 17) puis la liaison obligatoire n° 2 (voir p. 16).

1. A : Tu consultes ce conseiller ?   B : _____
2. A : Tu consultes ce financier ?   B : _____
3. A : Tu consultes ce banquier ?   B : _____
4. A : Tu consultes ce pédégé ?   B : _____

LECTURE

Quand mes amis sont borgnes, je les regarde de profil.

Joseph Joubert (1754-1824), *Pensées*.

LES-LE /e/ - /ə/

EXERCICES

★★★

11 Répétez : pluriel-singulier. Dites bien le /ə/ final au singulier du verbe *(voir p. 18)*.

/e/ - /ə/
1. Acceptez tout ! - Accepte tout !
2. Contestez tout ! - Conteste tout !
3. Démontrez tout ! - Démontre tout !
4. Adaptez tout ! - Adapte tout !

12 Répétez. Faites bien la chute du /ə/ dans la deuxième phrase *(voir p. 18)*.

/e/ - /ə/
1. Il y a des tableaux. - Il y a de beaux tableaux.
2. Il y a des meubles. - Il y a de nombreux meubles.
3. Il y a des cuivres. - Il y a de jolis cuivres.
4. Il y a des vitraux. - Il y a de grands vitraux.
5. Il y a des manuscrits. - Il y a de vieux manuscrits.

* En style plus familier, on peut entendre « Il y a des beaux… » ou même « Y a des beaux… » *(voir p. 21)*.

13 A : Ce bouquin* est passionnant.   B : C'est le bouquin que vous préférez ?
À vous ! Dites bien l'intonation interrogative n° 2.1 *(voir p. 20)*.

1. A : Ce bouquin est passionnant.   B : _____
2. A : Ce musicien est génial*.   B : _____
3. A : Ce comédien est excellent.   B : _____
4. A : Ce château est splendide.   B : _____
5. A : Ce jardin est superbe.   B : _____

14 A : Ne vous acharnez pas !   B : Rassurez-vous, je ne m'acharne plus.
À vous ! Dites bien le /ə/ de « je » puis le /ə/ final du verbe *(voir p. 18)*.

1. A : Ne vous acharnez pas !   B : _____
2. A : Ne vous attristez pas !   B : _____
3. A : Ne vous alarmez pas !   B : _____
4. A : Ne vous emportez pas !   B : _____
5. A : Ne vous énervez pas !   B : _____

* En style plus familier, le « ne » de la phrase négative peut ne pas être prononcé et on peut entendre, pour les verbes les plus courants : « J'm 'énerv' plus » ou même : « J'm'énerv' p'us » *(voir p. 21)*.

LECTURE

Il n'y a pas moins d'éloquence dans le ton de la voix, dans les yeux, et dans l'air de la personne, que dans le choix des paroles.

La Rochefoucauld (1613-1680), *Maxime n° 249*.

14 J'AI-JE / e / - / ə /

À m**e**sure qu**e** j**e** vis, j**e** d**e**vie
À m**e**sure qu**e** j**e** pense, j**e** d**é**pense
À m**e**sure qu**e** j**e** meurs, j**e** d**e**meure.

Jean Tardieu (1903-1995).

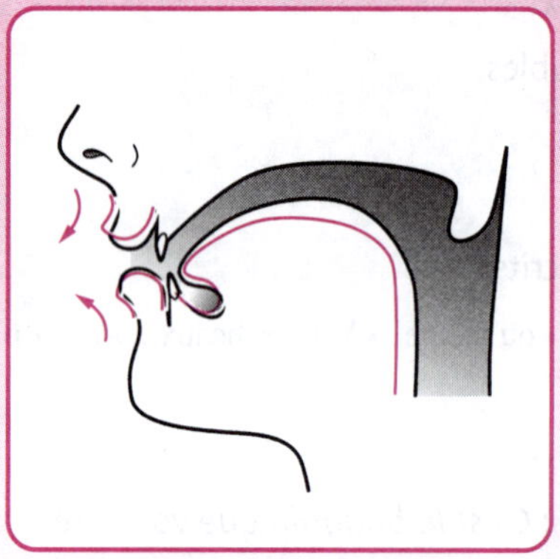

/ **e** /	- lèvres très tirées - bouche fermée

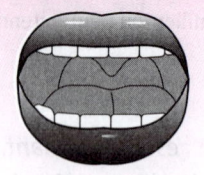

/ **e** / - langue en avant
/ ə / - langue centrale

/ ə /	- lèvres arrondies - bouche presque ouverte

Vous pouvez étudier la prononciation du / **e** / p. 26 (**prix - pré**), p. 30 (**parlait - parlé**), p. 34 (**les - la**) et p. 70 (**les - le**).

Vous pouvez étudier la prononciation du / ə / p. 70 (**les - le**) et p. 78 (**la - le**). Cette voyelle peut également ne pas être prononcée (chute du / ə /), voir p. 18.

⚠ Le / ə /, normalement prononcé « ouvert » comme / œ /, peut se prononcer / ø / « fermé » (voir p. 66) en syllabe accentuée.

/ **e** / s'écrit le plus souvent :	- **é** - **e** + « **r, z, f, d** » non prononcés en fin de mot - **e** + double consonne sauf dans les monosyllabes (p. 30) - **es** dans les monosyllabes ⚠ - **ai** final ⚠	chanté chanter chantez clef pied dessin les gai j'aimai j'aimerai
/ ə / s'écrit le plus souvent :	- **e** dans les monosyllabes - **e** en fin de syllabe - **e** suivi de **ss** - Cas particuliers : **on** **ai** dans certaines formes de « faire »	le reprendre dessus monsieur faisons faisait

⚠ Dans ces cas, on peut entendre un / E / intermédiaire (voir p. 30).

74 • soixante-quatorze

J'AI-JE / e / - / ə /

EXERCICES

1 Répétez : passé composé - présent. Lèvres arrondies pour / ə /.

/ e / - / ə /
1. J'ai ri. - Je ris.
2. J'ai dit. - Je dis.
3. J'ai rougi. - Je rougis.
4. J'ai bruni. - Je brunis

2 Répétez : présent - passé composé. Faites bien la chute du / ə / (voir p. 18).
1. Il se repose. - Il s'est reposé.
2. Il se retire. - Il s'est retiré.
3. Il se retourne. - Il s'est retourné.
4. Il se redresse. - Il s'est redressé.

3 A : J'ai beaucoup grossi.   B : Moi aussi, je grossis beaucoup.
À vous ! Dites bien les deux groupes rythmiques *(voir p. 13)*.

1. A : J'ai beaucoup grossi.   B : _____
2. A : J'ai beaucoup maigri.   B : _____
3. A : J'ai beaucoup grandi.   B : _____
4. A : J'ai beaucoup minci.   B : _____
5. A : J'ai beaucoup rougi.   B : _____

4 A : C'est vrai ?   B : Ce n'est pas toujours vrai !
À vous ! **Dites bien le / ə / initial** *(voir p. 18)*.

1. A : C'est vrai ?   B : _____
2. A : C'est juste ?   B : _____
3. A : C'est faux ?   B : _____
4. A : C'est sûr ?   B : _____
5. A : C'est triste ?   B : _____

* En style plus familier, on peut entendre « C'est pas toujours vrai ! » *(voir p. 21)*.

5 A : Je l'ai donné hier.   B : Moi, je le donne demain.
À vous ! **Dites bien la séquence « je le »** *(voir p. 18)* **et le / ə / de « demain »**.

1. A : Je l'ai donné hier.   B : _____
2. A : Je l'ai proposé hier.   B : _____
3. A : Je l'ai réclamé hier.   B : _____
4. A : Je l'ai prêté hier.   B : _____
5. A : Je l'ai préparé hier.   B : _____

LECTURE   MADAME se meurt, MADAME est morte.

Jacques Bénigne Bossuet (1627-1704),
Oraison funèbre d'Henriette d'Angleterre.

soixante-quinze • 75

J'AI-JE / e / - / ə /

EXERCICES

★★

6 Répétez. Lèvres arrondies pour / ə /.

/ ə / / e /
1. Elle t<u>e</u>nait à téléphoner.
2. Elle d<u>e</u>mandait à décider.
3. Elle r<u>e</u>tardait sa réponse.
4. Elle pr<u>e</u>nait des précautions.

7 Répétez : passé composé - présent. Dites bien les séquences de / ə / (voir p. 18).

1. C'est ce que j'ai fait. - C'est ce que je fais.
2. C'est ce que j'ai peint. - C'est ce que je peins.
3. C'est ce que j'ai fini. - C'est ce que je finis.
4. C'est ce que j'ai saisi. - C'est ce que je saisis.

8 A : *Vous avez vu l'exposition ?* B : *Bien sûr ! On l'a même revue !*

À vous ! Dites bien le / ə / du préfixe re- (voir p. 18).

1. A : Vous avez vu l'exposition ? B : _____
2. A : Vous avez lu l'article ? B : _____
3. A : Vous avez pris l'autobus ? B : _____
4. A : Vous avez fait l'exercice ? B : _____

9 A : *J'ai déplacé le fauteuil.* B : *Eh bien, replace-le !*

À vous ! Dites bien le / ə / initial et le / ə / tonique final (voir p. 18).

1. A : J'ai déplacé le fauteuil. B : _____
2. A : J'ai démonté le volet. B : _____
3. A : J'ai débranché le fil. B : _____
4. A : J'ai dévissé le couvercle. B : _____
5. A : J'ai débouché le flacon. B : _____

10 A : *Ces gens sont pauvres.* B : *Ça oui, ils sont d'une pauvreté !*

À vous ! Dites bien le / ə / interne (voir p. 16).

1. A : Ces gens sont pauvres. B : _____
2. A : Ces bâtiments sont propres. B : _____
3. A : Ces légumes sont fermes. B : _____
4. A : Ces fruits sont âcres. B : _____

LECTURE Levez-vous vite, orages désirés, qui devez emporter René dans les espaces d'une autre vie !

René de Chateaubriand (1768-1848), *Le Génie du Christianisme.*

76 • soixante-seize

J'AI-JE /e/ - /ə/

EXERCICES

★★★

11 Répétez : imparfait - présent. Dites bien le /ə/ final au présent pluriel *(voir p. 16)*.

1. Ils dormaient bien. - Ils dorment bien.
2. Ils servaient vite. - Ils servent vite.
3. Ils partaient tôt. - Ils partent tôt.
4. Ils sortaient tard. - Ils sortent tard.

12 Répétez. Faites bien la chute du /ə/ *(voir p. 16)* du préfixe « re- » dans la deuxième phrase.

/ e / - / ə /

1. On les réforme. - On les reforme.
2. On en répare. - On en repart.
3. On les répand. - On les repend.

13 A : J'étais impatient d'être engagé.   B : D'ailleurs, je t'ai engagé tout de suite.

À vous ! Dites bien le /ə/ de « je » *(voir p. 18)*.

1. A : J'étais impatient d'être engagé.   B : _____
2. A : J'étais impatient d'être appelé.   B : _____
3. A : J'étais impatient d'être embauché.   B : _____
4. A : J'étais impatient d'être convoqué.   B : _____
5. A : J'étais impatient d'être pris.   B : _____

14 A : Je redis tout ?   B : C'est ça, redis tout ce que j'ai dit.

À vous ! Dites bien le /ə/ initial du verbe puis le groupe figé *(voir p. 18)*.

1. A : Je redis tout ?   B : _____
2. A : Je refais tout ?   B : _____
3. A : Je repeins tout ?   B : _____
4. A : Je retranscris tout ?   B : _____
5. A : Je retraduis tout ?   B : _____

LECTURE

Je n'ai plus que les os, un squelette je semble,
Décharné, dénervé, démusclé, dépoulpé,
Que le trait de la Mort sans pardon a frappé :
Je n'ose voir mes bras que de peur je ne tremble.

Pierre de Ronsard (1524-1585).

15 LA-LE /ɑ/ - /ə/

La propriété, c'est le vol.
Pierre Proudhon (1809-1865).

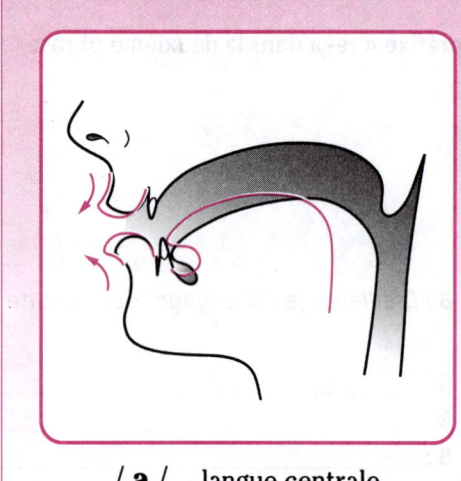

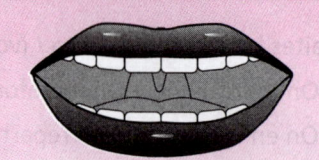

/ a / - lèvres légèrement tirées
- bouche ouverte

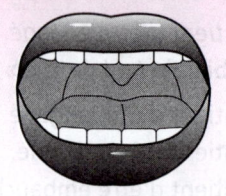

/ a / - langue centrale
/ ə / - langue centrale

/ ə / - lèvres arrondies
- bouche presque ouverte

La voyelle postérieure /ɑ/ de « pâte » tend à disparaître et à être remplacée par la voyelle antérieure /a/ de « patte », éventuellement légèrement plus longue ; le /ɑ/ n'est donc pas étudié dans cet ouvrage.

Vous pouvez étudier la prononciation du /a/ p. 34 (**les - la**).
Vous pouvez étudier la prononciation du /ə/ p. 70 (**les - le**) et p. 74 (**j'ai - je**). Cette voyelle peut également ne pas être prononcée (chute du /ə/), voir p. 18.

⚠ Le /ə/, normalement prononcé « ouvert » comme /œ/, peut se prononcer /ø/ « fermé » (voir p. 66) en syllabe accentuée.

/ a / s'écrit le plus souvent :	- *a à â* - *e + mm* dans les adverbes - Cas particuliers :	chat là pâte prudemment femme solennel
/ wa / s'écrit le plus souvent :	- *oi*	noir
/ ə / s'écrit le plus souvent :	- *e* dans les monosyllabes - *e* en fin de syllabe - *e* suivi de *ss* - *ai* dans certaines formes de « faire » - Cas particulier : *on*	le reprendre dessus faisait faisons monsieur

LA-LE /a/-/ə/

EXERCICES

1 Répétez : féminin - masculin. Lèvres arrondies pour /ə/.

/a/-/ə/
1. La pianiste - Le pianiste.
2. La flûtiste - Le flûtiste.
3. La bassiste - Le bassiste.
4. La choriste - Le choriste.

2 Répétez : féminin - masculin. Faites bien la chute du /ə/ au masculin *(voir p. 18)*.

/a/-/ə/
1. On la donne. - On le donne.
2. On la met. - On le met.
3. On la prend. - On le prend.
4. On la pose. - On le pose.

3 A : *Je n'ai pas écrit la lettre.*   B : *Eh bien*, écris-la !*

À vous ! Dites bien l'intonation n° 4 puis l'intonation impérative n° 3 *(voir p. 20)*.

1. A : Je n'ai pas écrit la lettre.   B : _____
2. A : Je n'ai pas traduit la lettre.   B : _____
3. A : Je n'ai pas fini la lettre.   B : _____
4. A : Je n'ai pas fait la lettre.   B : _____

* En style plus familier, on peut entendre : « Eh ben,... » ou « Ben... » *(voir p. 21)*.

4 A : *Tu goûtes l'abricot ?*   B : *D'accord, je le goûte.*

À vous ! Dites bien la séquence « je le » *(voir p. 18)*.

1. A : Tu goûtes l'abricot ?   B : _____
2. A : Tu manges l'avocat ?   B : _____
3. A : Tu prépares l'ananas ?   B : _____
4. A : Tu coupes l'ail ?   B : _____

5 A : *Tu connais le photographe ?*   B : *Le photographe, non, la photographe.*

À vous ! Dites bien la voyelle de chaque article.

1. A : Tu connais le photographe ?   B : _____
2. A : Tu connais le fleuriste ?   B : _____
3. A : Tu connais le dentiste ?   B : _____
4. A : Tu connais le cinéaste ?   B : _____

LECTURE

Le soleil a rendez-vous avec la lune
Mais la lune n'est pas là et le soleil l'attend
La lune est là la lune est là
La lune est là mais le soleil ne la voit pas
Pour la trouver il faut la nuit
Il faut la nuit mais le soleil ne le sait pas et toujours luit...

Charles Trenet (1913-), *Le soleil et la lune* (chanson).

LA-LE /a/ - /ə/

EXERCICES

6 Répétez. Dites bien l'enchaînement vocalique *(voir p. 14)*.

/ə a/
1. Lave-le à la main !
2. Mets-le à la porte !
3. Accroche-le à la fenêtre !
4. Descends-le à la cave !

7 Répétez. Dites bien le /ə/ puis faites la chute du /ə/ *(voir p. 18)*.

/ə/ /dəla/
1. Ils partent le soir, à la fin de la soirée.
2. Ils partent le matin, à la fin de la matinée.
3. Ils partent de jour, à la fin de la journée.

8 A : Je le laisse où, le panier ?   B : Laisse-le là !

À vous ! Dites bien le /ə/ tonique *(voir p. 18)*.

1. A : Je le laisse où, le panier ?   B : _____
2. A : Je le mets où, le carton ?   B : _____
3. A : Je le pose où, le sac ?   B : _____
4. A : Je le range où, le cartable ?   B : _____
5. A : Je le gare où, le chariot ?   B : _____

9 A : Le directeur n'a rien fait ?   B : Tu parles*! Il ne fait jamais rien...

À vous ! Dites bien le /ə/ de la négation *(voir p. 18)*.

1. A : Le directeur n'a rien fait ?   B : _____
2. A : Il n'a rien dit ?   B : _____
3. A : Il n'a rien produit ?   B : _____
4. A : Il n'a rien choisi ?   B : _____
5. A : Il n'a rien fini ?   B : _____

* En style plus familier, on peut entendre : « l' fait jamais rien » *(voir p. 21)*.

10 A : Tu as des regrets ?   B : Absolument pas de regrets !

À vous ! Dites bien la séquence de /ə/ *(voir p. 18)*.

1. A : Tu as des regrets ?   B : _____
2. A : Tu as des remords ?   B : _____
3. A : Tu as des refus ?   B : _____
4. A : Tu as des secrets ?   B : _____

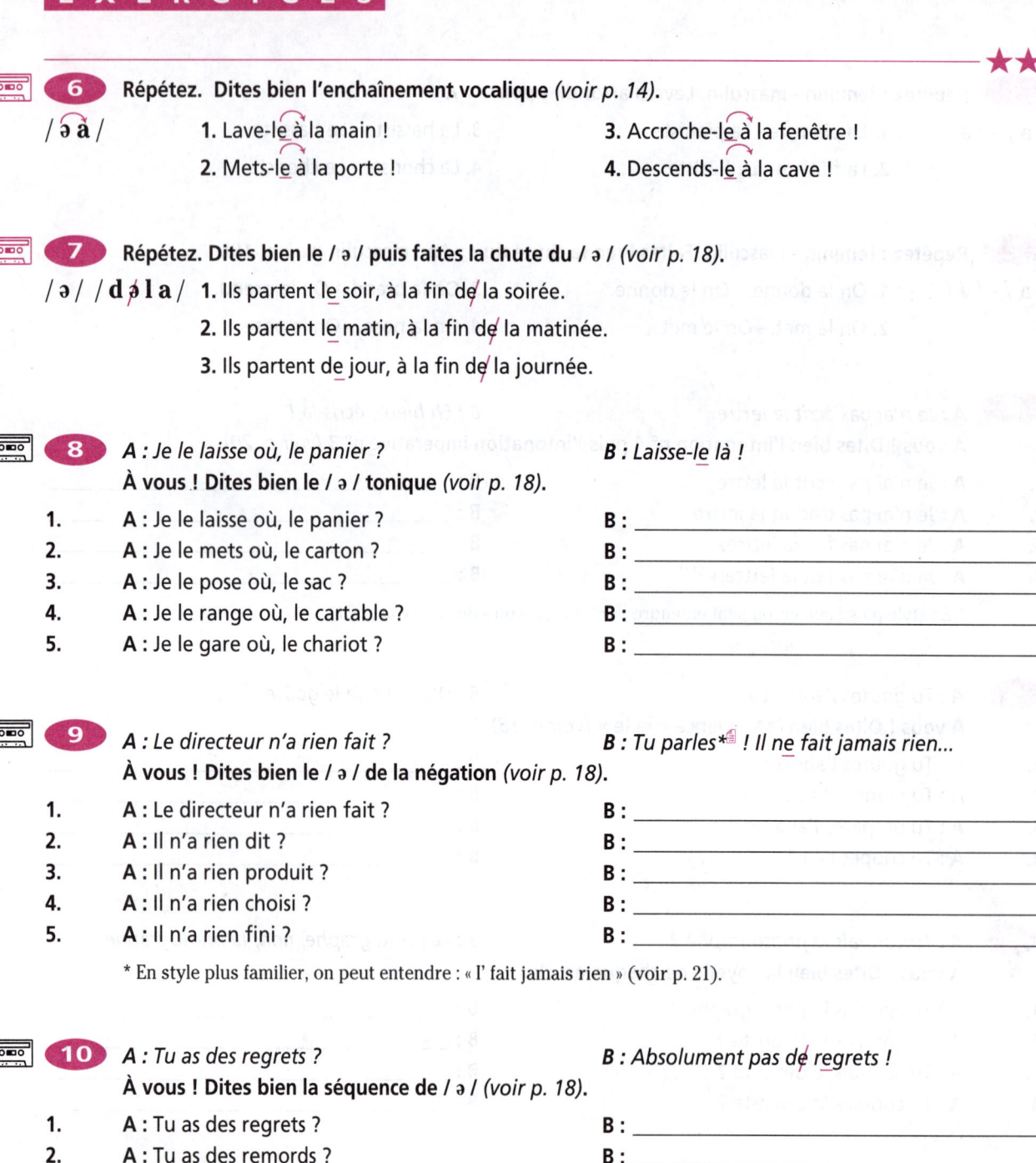

LECTURE

La main de Michael Richardson va vers le corps de la femme, le caresse, et reste là, posée.

Marguerite Duras (1914 -1996), *India Song*.

LA-LE /a/-/ə/

EXERCICES

★★★

11 Répétez : féminin-masculin. Dites bien le /ə/ final du verbe et le /ə/ tonique au masculin *(voir p. 18)*.

/ə l a/ - /ə l ə/
1. Emporte-la ! - Emporte-le !
2. Consulte-la ! - Consulte-le !
3. Adopte-la ! - Adopte-le !
4. Administre-la ! - Administre-le !

12 Répétez. Dites bien les enchaînements *(voir p. 15 et 14)*.
1. Le coq est le mâle de la poule.
2. Le cheval est le mâle de la jument.
3. Le bouc est le mâle de la chèvre.
4. Le bélier est le mâle de la brebis.
5. Le taureau est le mâle de la vache.

13 *A : Le client a signé le contrat ?*   *B : Non, non, il ne l'a pas signé.*
À vous ! Dites bien les intonations n° 4 puis l'intonation assertive n° 1 *(voir p. 20)*.
1. A : Le client a signé le contrat ?   B : _____
2. A : Il a demandé le catalogue ?   B : _____
3. A : Il a négocié le crédit ?   B : _____
4. A : Il a reporté le délai ?   B : _____
5. A : Il a payé le solde ?   B : _____

* En style plus familier, le « ne » de la phrase négative peut ne pas être prononcé et on peut même entendre : « l' l'a pas signé » (voir p. 21).

14 *A : Le canard, c'est bon à la cocotte ?*   *B : Fais-le à la cocotte, va !*
À vous ! Dites bien le /ə/ tonique *(voir p. 18)* et l'enchaînement vocalique *(voir p. 14)*.
1. A : Le canard, c'est bon à la cocotte ?   B : _____
2. A : C'est bon à la vapeur ?   B : _____
3. A : C'est bon à la poêle ?   B : _____
4. A : C'est bon à la casserole ?   B : _____

ÉCRITURE

Trouvez le nom des spécialistes de ces domaines.
Exemple : la géographie : *le/la géographe*.

⚠ Les noms ne se forment pas tous sur le même modèle.

la géographie : _____   la linguistique : _____   la psychologie : _____
la chimie : _____   la photographie : _____   la publicité : _____
la psychiatrie : _____   la géométrie : _____   la comptabilité : _____
la philosophie : _____   la sociologie : _____   la biologie : _____

LECTURE

La philosophie, ainsi que la médecine, a beaucoup de drogues, très peu de bons remèdes, presque point de spécifiques.

Nicolas de Chamfort (1741-1794), *Maximes et Pensées*.

quatre-vingt-un • 81

III

LES VOYELLES NASALES

Les voyelles sont des sons produits par la vibration des cordes vocales.
Les voyelles nasales sont des sons pour lesquels l'air passe par la bouche et par le nez.
Peu de langues possèdent des voyelles nasales.
Les voyelles nasales du français sont tout à fait spécifiques.

Symbole phonétique	Exemple	Leçon
/ œ̃ /	brun	p. 96
/ ɛ̃ /	brin	p. 84, p. 100 et p. 108
/ ã /	blanc	p. 88, p. 100, p. 104 et p. 108
/ õ /	blond	p. 92, p. 104 et p. 108

• Une voyelle nasale n'est jamais suivie d'une consonne nasale (voir p. 160) : devant une consonne nasale, la voyelle nasale devient orale (elle est « dénasalisée »). Cette règle s'applique dans les cas suivants :

– féminin de certains noms ou adjectifs :

        Féminin : *comédienne*   (masculin : *comédien*)
                / ɛ n /   / ɛ̃ /

– pluriel et subjonctif de certains verbes du 3ᵉ groupe :

        Pluriel : *ils viennent*   (singulier : *il vient*)
              / ɛ n /   / ɛ̃ /

        Subjonctif : *qu'il vienne*   (indicatif : *il vient*)
                / ɛ n /   / ɛ̃ /

– liaison de l'adjectif qualificatif antéposé :

                un bon ami
                  / ɔ n /

• Exceptions à la règle de dénasalisation (cas où la voyelle nasale est suivie d'une consonne nasale) :

– les mots précédés des préfixes *en-* et *em-*   *ennui*   *emmener*
                                                      / ã /   / ã m /

– les mots   *immanquable*   *immangeable*
                                          / ɛ̃ m /   / ɛ̃ m /

– les cas de liaison (exception : cf. *un bon ami*)   *Il en a*   *On arrive*
                                                                / ã n /   / õ n /

                                                                   Mon ami   *Un ami*
                                                                     / õ n /   / œ̃ n /

ÉCOUTE ET DISCRIMINATION

p. 84 /ɛ/ - /ɛ̃/   fait - faim   paie - peins   tait - teint   lait - lin

✎ **Retrouvez : cochez le mot que vous entendez dans les phrases.**

16
1. fait ❏   faim ❏   3. tait ❏   teint ❏
2. paie ❏   peins ❏   4. lait ❏   lin ❏

---

p. 88 /a/ - /ã/   gras - grand   orage - orange   Jeanne - Jean   lace - lance

✎ **Retrouvez : cochez le mot que vous entendez dans les phrases.**

17
1. gras ❏   grand ❏   3. Jeanne ❏   Jean ❏
2. orage ❏   orange ❏   4. lace ❏   lance ❏

---

p. 92 /o/ - /õ/   beau - bon   faut - font   pot - pont   taux - ton

✎ **Retrouvez : cochez le mot que vous entendez dans les phrases.**

18
1. beau ❏   bon ❏   3. pot ❏   pont ❏
2. faut ❏   font ❏   4. taux ❏   ton ❏

---

p. 96 /yn/ - /œ̃/   quelques-unes - quelques-uns   une - un
                         chacune - chacun   aucune - aucun

✎ **Retrouvez : cochez le genre que vous entendez dans les phrases.**

19
1. féminin ❏   masculin ❏   3. féminin ❏   masculin ❏
2. féminin ❏   masculin ❏   4. féminin ❏   masculin ❏

---

p. 100 /ɛ̃/ - /ã/   vin - vent   cinq - cent   importer - emporter   éteins - étends

✎ **Retrouvez : cochez le mot que vous entendez dans les phrases.**

20
1. vin ❏   vent ❏   3. importez ❏   emportez ❏
2. cinq ❏   cent ❏   4. éteins ❏   étends ❏

---

p. 104 /õ/ - /ã/   long - lent   on porte - emporte   sont - sent   trompe - trempe

✎ **Retrouvez : cochez le mot que vous entendez dans les phrases.**

21
1. long ❏   lent ❏   3. ils sont ❏   il sent ❏
2. on porte ❏   emporte ❏   4. trompe ❏   trempe ❏

---

p. 108 /ɛ̃/ - /ã/ - /õ/   peindre - pendre - pondre   thym - temps - thon
                                cinq - cent - son

✎ **Retrouvez : cochez le mot que vous entendez dans les phrases.**

22
1. peindre ❏   pendre ❏   pondre ❏
2. thym ❏   temps ❏   thon ❏
3. cinq ❏   cent ❏   son ❏

16 LAIT-LIN   /ɛ/ - /ɛ̃/

Un r**ien** me f**ait** chanter
Un r**ien** me f**ait** danser
Un r**ien** me f**ait** trouver b**e**lle la vie
Un r**ien** me f**ait** pl**ai**sir.

      Charles Trenet (1913-), *Un rien me fait chanter* (chanson).

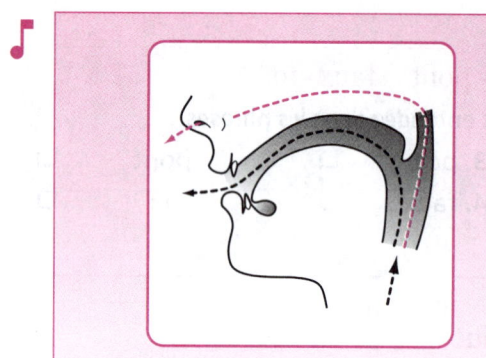

/ɛ/ - lèvres tirées
  - bouche presque ouverte

/ɛ/ - langue en avant
  - l'air passe par la bouche
/ɛ̃/ - langue en avant
  - l'air passe par la bouche
   et par le nez

/ɛ̃/ - lèvres tirées
  - bouche presque fermée

Vous pouvez étudier la prononciation du /ɛ/ p. 28 (**il - elle**) et p. 30 (**parlait - parlé**).
Vous pouvez étudier la prononciation du /ɛ̃/ p. 100 (**cinq - cent**) et p. 108 (**frein - franc - front**).

/ɛ/ s'écrit le plus souvent :	• **è ê** • **ei ai e** suivis d'une consonne prononcée dans la même syllabe orale • **e** + double consonne dans les monosyllabes • **ai** + « **s, t, e** » non prononcés en fin de mot	*père être* *seize faire mettre* *elle* *mais fait craie*
/ɛ̃/ s'écrit le plus souvent :	• **in im** [1] • **yn ym** [1] • **ein eim** [1] • **ain aim** [1] • **(i)en (y)en (é)en** • Cas particuliers : **en un** (à Paris)	*vin timbre* *syndicat sympathie* *plein Reims* *main faim* *mien moyen européen* *examen lundi*

(1) Le « m » se trouve devant les lettres « p, b, m » et parfois en fin de mot.

LAIT-LIN /ɛ/ - /ɛ̃/

EXERCICES

1 Répétez. Lèvres tirées pour le /ɛ/ et le /ɛ̃/.

/ɛ/ /ɛ/ /ɛ̃/
1. C'est très simple.
2. C'est très mince.
3. C'est très plein.
4. C'est très loin.

2 Répétez. Dites bien un seul groupe rythmique *(voir p. 13)*.

/ɛ/ /ɛ/ /ɛ̃/ /ɛ/
1. Elle est bien faite.
2. Elle est bien belle.
3. Elle est bien laide.
4. Elle est bien fraîche.

3 A : *Tu viens demain ?*   B : *Demain, c'est impossible.*

À vous ! Dites bien la liaison obligatoire n° 6 *(voir p. 16)*.

1. A : Tu viens demain ?   B : _____
2. A : Tu viens après-demain ?   B : _____
3. A : Tu viens le mois prochain ?   B : _____
4. A : Tu viens au mois de juin ?   B : _____
5. A : Tu viens lundi ?   B : _____

⚠ Pour la prononciation de « lundi », voir p. 96.

4 A : *C'était parfait.*   B : *Hein ? Rien n'était parfait.*

À vous ! Dites bien l'intonation interrogative n° 2.1 puis assertive n° 1 *(voir p. 20)*.

1. A : C'était parfait.   B : _____
2. A : C'était mauvais.   B : _____
3. A : C'était complet.   B : _____
4. A : C'était secret.   B : _____

5 A : *Tu travailles jeudi matin ?*   B : *Jeudi matin et jeudi soir.*

À vous ! Dites bien l'enchaînement vocalique *(liaison impossible n° 1, voir p. 17)*.

1. A : Tu travailles jeudi matin ?   B : _____
2. A : Tu travailles samedi matin ?   B : _____
3. A : Tu travailles mardi matin ?   B : _____
4. A : Tu travailles mercredi matin ?   B : _____

LECTURE

L'allée est sans fin
Sous le ciel, divin
D'être pâle ainsi !

Paul Verlaine (1844-1896), *Simples fresques II,*
Romances sans paroles.

LAIT-LIN /ɛ/ - /ɛ̃/

EXERCICES

6 Répétez. Dites bien les liaisons obligatoires n° 2 et 6 *(voir p. 16)* et l'enchaînement vocalique *(liaison impossible n° 1, voir p. 17)*.

⚠️ Pour la prononciation de « un » voir p. 96.

/ ɛ̃ ɛ /
1. Un Israëlien est inscrit.
2. Un Italien est interrogé.
3. Un Égyptien est invité.
4. Un Autrichien est intéressé.

7 Répétez. Dites bien les nombres.

⚠️ • devant un mot qui commence par une voyelle, on prononce la consonne finale : « cinq ans », « vingt heures ».
• devant un mot qui commence par une consonne :
– « 5 » : le « q » n'est jamais prononcé dans les nombres : « cinq mille »,
mais on peut l'entendre partout ailleurs : « cinq degrés » ;
– « 20 » : le « t » n'est pas prononcé : « vingt mille » (sauf dans les composés : « vingt-cinq » /vɛ̃tsɛ̃k/).
• à la fin de la phrase, en position accentuée : « 5 » : on prononce la consonne finale « il y en a cinq » ;
« 20 » : on ne prononce pas la consonne finale « il y en a vingt ».

1. Il mettait cinq heures.
2. Il mettait vingt heures.
3. Il en mettait cinq mille.
4. Il mettait vingt minutes.
5. Il en mettait vingt-cinq.
6. Il en mettait cinq.
7. Il en mettait vingt.

8 A : *Vous avez écouté ?*   B : *Nous avons bien écouté.*
À vous ! Dites bien les liaisons obligatoires n° 4 *(voir p. 16)*.

1. A : Vous avez écouté ?   B : _____
2. A : Vous avez essayé ?   B : _____
3. A : Vous avez expliqué ?   B : _____
4. A : Vous avez aidé ?   B : _____
5. A : Vous avez aimé ?   B : _____

ÉCRITURE

Écrivez le résultat des opérations suivantes.

5 + 15 = _____   20 + 5 = _____   5 × 5 = _____   25 : 5 = _____
20 − 5 = _____   20 − 15 = _____   25 − 5 = _____

LECTURE

La nuit va et le jour vient
Dans le ciel clair et serein
Et l'aube ne se retient
Et s'en vient belle et parfaite.

Folquet de Marseille (vers 1160 -1231), troubadour.

LAIT-LIN /ɛ/ - /ɛ̃/

EXERCICES

9 Répétez. Dites bien la liaison obligatoire n° 6 *(voir p. 16)* puis l'enchaînement vocalique *(liaison impossible n° 2, voir p. 17).*

⚠ Pour la prononciation de « un », voir p. 96.

/ɛ̃ ɛ̃/
1. C'est un citoyen intègre !
2. C'est un politicien infâme !
3. C'est un voisin indélicat !
4. C'est un riverain indigné !

10 Répétez. Dites bien la liaison obligatoire n° 2 *(voir p. 16)* dans le deuxième exemple.

⚠ En raison de cette liaison, l'adjectif qualificatif antéposé se prononce comme un féminin (dénasalisation de la voyelle).

/ɛ̃/ - /ɛn/
1. Le plein soleil. - Le plein air.
2. Le moyen terme. - Le Moyen-Âge.
3. Le prochain train. - Le prochain arrêt.
4. L'ancien professeur. - L'ancien étudiant.

11 A : Ça, je ne le crois pas.   B : C'est vrai, c'est incroyable...

À vous ! Cherchez l'adjectif négatif correspondant au verbe ; dites bien la liaison obligatoire n° 6 *(voir p. 16).*

1. A : Ça, je ne le crois pas.   B : _____
2. A : Ça, je ne le supporte pas.   B : _____
3. A : Ça, je ne le discute pas.   B : _____
4. A : Ça, je ne le trouve pas.   B : _____
5. A : Ça, je ne le bois pas.   B : _____

12 A : *Le théâtre cherche des comédiennes ?*   B : *Des comédiennes ? Une vingtaine.*

À vous ! Dites bien l'intonation interrogative n° 2.1 puis assertive n° 1 *(voir p. 20).*

1. A : Le théâtre cherche des comédiennes ?   B : _____
2. A : L'orchestre cherche des musiciennes ?   B : _____
3. A : Le laboratoire cherche des pharmaciennes ?   B : _____
4. A : L'usine cherche des techniciennes ?   B : _____

13 A : *Tu trouves tes cousins indiscrets ?*   B : *Ils deviennent indiscrets.*

À vous ! Dites bien l'enchaînement consonantique *(liaison facultative, voir p. 17).*

1. A : Tu trouves tes cousins indiscrets ?   B : _____
2. A : Tu les trouves impolis ?   B : _____
3. A : Tu les trouves intraitables ?   B : _____
4. A : Tu les trouves inflexibles ?   B : _____

LECTURE

Ah ! Chloé, je vois trop ce que je devais craindre,
Un faux espoir est venu m'animer
J'ai cru qu'en vous peignant je peindrais l'art d'aimer :
C'est l'art de plaire qu'il faut peindre.

Charles-Pierre Colardeau (1732-1776), *Le Portrait manqué.*

17 PLAT-PLAN /a/ - /ɑ̃/

Les **ar**bres p**ar**lent **ar**bre
comme les **enfan**ts parlent **enfan**t.
Jacques Prévert (1900-1977), *Arbres*.

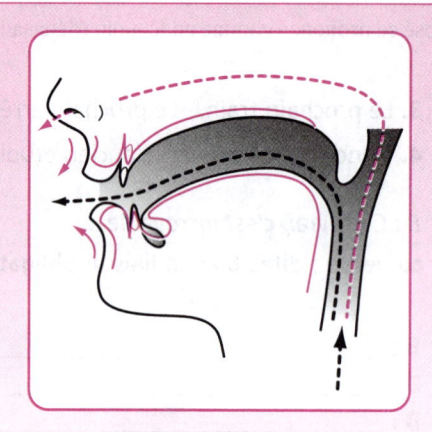

/ **a** / - langue centrale
   - l'air passe par la bouche
/ **ɑ̃** / - langue un peu en arrière
   - l'air passe par la bouche et par le nez

/ **a** / - lèvres légèrement tirées
   - bouche ouverte

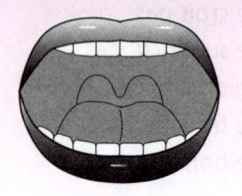

/ **ɑ̃** / - lèvres légèrement arrondies
   - bouche bien ouverte

La voyelle postérieure / ɑ / de « pâte » tend à disparaître et à être remplacée par la voyelle antérieure / **a** / de « patte », éventuellement légèrement plus longue ; le / ɑ / n'est donc pas étudié dans cet ouvrage.

Vous pouvez étudier la prononciation du / **a** / p. 34 (**les - la**) et p. 78 (**la - le**).
Vous pouvez étudier la prononciation du / ɑ̃ / p. 100 (**cinq - cent**), p. 104 (**long - lent**) et p. 108 (**frein - franc - front**).

/ **a** / s'écrit le plus souvent :	- *a* *à* *â* - *e* + *mm* dans les adverbes - Cas particuliers :	*chat là pâte* *prudemment* *femme solennel*
/ **wa** / s'écrit le plus souvent :	- *oi*	*noir*
/ **ɑ̃** / s'écrit le plus souvent :	- *en em* [1] - *an am* [1] - *aen aon* - *(i)en(t)* dans les noms et adjectifs	*vent membre* *sans chambre* *Caen Laon* *client patient*

(1) Le « *m* » se trouve devant les lettres « *p, b, m* ».

PLAT-PLAN /a/-/ã/

EXERCICES

1 Répétez. Bouche ouverte pour /a/ et /ã/.

/a/ /ã/ /a/ /ã/
1. Va dans la chambre !
2. Va dans ta chambre !
3. Va dans sa chambre !
4. Va dans ma chambre !

2 Répétez. Dites bien l'enchaînement consonantique *(voir p. 15)*.

/a/ /ã d a/
1. La grande armoire.
2. La grande armée.
3. La grande avenue.
4. La grande aventure.

3 A : Ta maison est près de la poste ?   B : Elle est avant la poste.
À vous ! Dites bien la liaison obligatoire n° 6 *(voir p. 16)*.

1. A : Ta maison est près de la poste ?   B : _____
2. A : Elle est près de la gare ?   B : _____
3. A : Elle est près de la mairie ?   B : _____
4. A : Elle est près de la chapelle ?   B : _____
5. A : Elle est près de la grand-place ?   B : _____

4 A : Je suis en retard...   B : Ça va, tu n'es pas en retard !
À vous ! Dites bien les deux groupes rythmiques *(voir p. 13)*.

1. A : Je suis en retard...   B : _____
2. A : Je suis en avance...   B : _____
3. A : Je suis en panne...   B : _____
4. A : Je suis en nage...   B : _____

* En style plus familier, on peut entendre : « T'es pas en retard » (voir p. 21).

5 A : Je prends ta voiture ?   B : C'est ça, prends-la !
À vous ! Dites bien l'intonation n° 4 puis l'intonation impérative n° 3 *(voir p. 20)*.

1. A : Je prends ta voiture ?   B : _____
2. A : Je range ta raquette ?   B : _____
3. A : Je lance la balle ?   B : _____
4. A : Je mange ta part ?   B : _____
5. A : Je change ta place ?   B : _____

LECTURE

Le petit cheval dans le mauvais temps,
qu'il avait donc du courage !
C'était un petit cheval blanc,
tous derrière et lui devant.

Paul Fort (1872-1960), *Le Petit Cheval blanc*
(chanté par Georges Brassens).

PLAT-PLAN /a/-/ã/

EXERCICES

6 Répétez. Dites bien l'enchaînement consonantique *(voir p. 15)* puis la liaison obligatoire n° 4 *(voir p. 16)*. ★★

/ã ₙa/
1. Il en attend.
2. Il en apprend.
3. Il en avance.
4. Il en arrange.

7 Répétez. Dites bien les enchaînements vocaliques *(liaison impossible n° 1, voir p. 17)*.

/ã a a/
1. Le représentant a appelé.
2. Le commerçant a accepté.
3. Le fabricant a arrêté.
4. Le marchand a abandonné.

8 A : *Le serveur a cassé des verres !*   B : *Il en a encore cassé ?*
À vous ! Dites bien l'enchaînement consonantique *(voir p. 15)*, la liaison obligatoire n° 4 *(voir p. 16)* et l'enchaînement vocalique *(voir p. 14)*.

1. A : Le serveur a cassé des verres !   B : _____
2. A : Il a brûlé des toasts.   B : _____
3. A : Il a renversé des bouteilles.   B : _____
4. A : Il a brisé des assiettes.   B : _____
5. A : Il a abîmé des nappes.   B : _____
6. A : Il a taché des serviettes.   B : _____
7. A : Il a injurié des clients.   B : _____

9 A : *Ah c'est embêtant, cette histoire !*   B : *Embêtant, pas tant que ça* !*
À vous ! Faites bien la chute du /ə/ *(voir p. 18)*.

1. A : Ah c'est embêtant, cette histoire !   B : _____
2. A : C'est embarrassant !   B : _____
3. A : C'est empoisonnant !   B : _____
4. A : C'est enthousiasmant !   B : _____
5. A : C'est encourageant !   B : _____

ÉCRITURE

Continuez cette histoire, racontée par une chanson populaire. Chaque ligne doit se terminer par la voyelle /ã/ (rime).

Mon père m'a donné un étang
Il n'est pas large comme il est grand
Trois beaux canards s'en vont nageant

_____   _____
_____   _____
_____   _____

PLAT-PLAN /a/-/ã/

EXERCICES

★★★

10 Répétez. Dites bien les enchaînements vocaliques *(liaison impossible n° 3, voir p. 17).*

/ã a/
1. Quand as-tu applaudi ?
2. Quand as-tu abouti ?
3. Quand as-tu allumé ?
4. Quand as-tu annulé ?

11 Répétez. Dites bien les liaisons obligatoires n° 5 et n° 4 *(voir p. 16)* et l'enchaînement vocalique *(liaison impossible n° 2, voir p. 17).*

/ã ã ₙ a/
1. Prends-en en attendant !
2. Prends-en en arrivant !

/ã ã ₙ ã/
3. Prends-en en entrant !
4. Prends-en en embarquant !

12 A : J'ai eu deux places pour le concert.   B : Comment en as-tu eu ?

À vous ! Dites bien les enchaînements vocaliques *(liaison impossible n° 3, voir p. 17)* et la liaison obligatoire n° 4 *(voir p. 16).*

1. A : J'ai eu deux places pour le concert.   B : _____
2. A : J'ai trouvé deux entrées pour l'exposition.   B : _____
3. A : J'ai obtenu deux billets pour le salon.   B : _____
4. A : J'ai reçu deux invitations pour la soirée.   B : _____

⚠ La liaison avec « comment » ne s'entend que dans « Comment allez-vous ? »

13 A : Le clown jonglait et parlait.   B : Comment, il jonglait en parlant ?

À vous ! Dites bien l'enchaînement vocalique *(liaison facultative, voir p. 17).*

1. A : Le clown jonglait et parlait.   B : _____
2. A : Il jonglait et chantait.   B : _____
3. A : Il jonglait et marchait.   B : _____
4. A : Il jonglait et dansait.   B : _____

14 A : J'ai répondu avec patience.   B : Ça c'est vrai. Tu as répondu patiemment.

À vous ! Cherchez l'adverbe correspondant au nom. Dites bien la terminaison / a m ã /.

1. A : J'ai répondu avec patience.   B : _____
2. A : J'ai répondu avec prudence.   B : _____
3. A : J'ai répondu avec insolence.   B : _____
4. A : J'ai répondu avec intelligence.   B : _____
5. A : J'ai répondu avec innocence.   B : _____

LECTURE

Tu t'en vas sans moi, ma vie.
Tu roules,
Et moi j'attends encore de faire un pas.

Henri Michaux (1899-1984), *Ma vie.*

quatre-vingt-onze • 91

18 BEAU-BON / o / - / õ /

Le temps **aux** plus belles ch**o**ses
Se plaît à faire un affr**on**t
Et saura faner vos r**o**ses
Comme il a ridé m**on** front.

Pierre Corneille (1606-1684), *Stances*
(chanté par Georges Brassens).

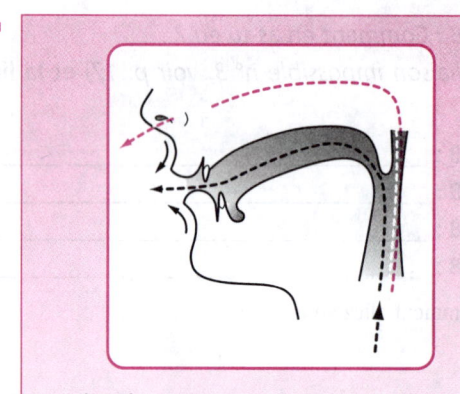

/ o / - langue en arrière
     - l'air passe par la bouche

/ õ / - langue en arrière
     - l'air passe par la bouche
       et par le nez

/ o / / õ / - lèvres très arrondies
           - bouche presque fermée

Vous pouvez étudier la prononciation du / o / p. 36 (**notre - nôtre**), p. 40 (**faux - fou**) et p. 58 (**chevaux - cheveux**).
Vous pouvez étudier la prononciation du / õ / p. 104 (**long - lent**) et p. 108 (**frein - franc - front**).

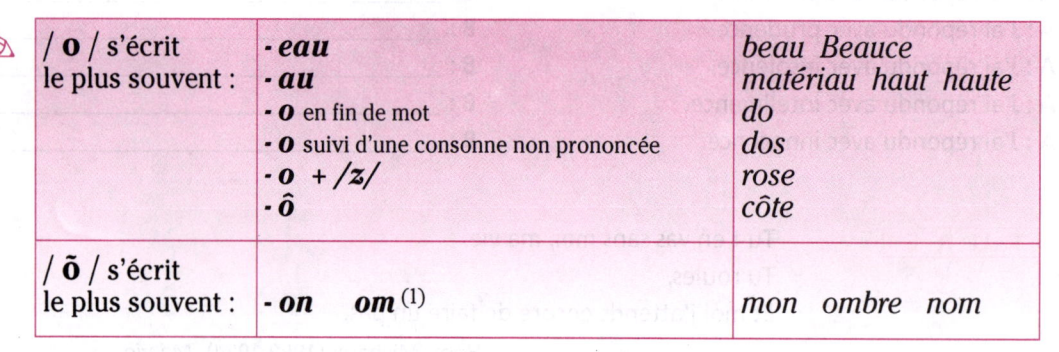

/ o / s'écrit le plus souvent :	- *eau* - *au* - *o* en fin de mot - *o* suivi d'une consonne non prononcée - *o* + /z/ - *ô*	*beau Beauce* *matériau haut haute* *do* *dos* *rose* *côte*
/ õ / s'écrit le plus souvent :	- **on** **om** [1]	*mon ombre nom*

(1) Le « *m* » se trouve devant les lettres « *p, b, m* » et parfois en fin de mot.

92 • quatre-vingt-douze

BEAU-BON / o / - / õ /

EXERCICES

1 Répétez. Bouche fermée pour / o / et / õ /.

/ o / / õ /
1. Vos noms.
2. Vos prénoms.
3. Vos montres.
4. Vos comptes.

2 Répétez. Dites bien l'égalité syllabique *(voir p. 12)*.

/ õ / / o /
1. Ils sont beaux.
2. Ils sont chauds.
3. Ils sont gros.
4. Ils sont faux.

3 A : *Vous posez ?* B : *On* pose.*

À vous ! Dites bien l'intonation assertive n° 1 *(voir p. 20)*.

1. A : Vous posez ? B : _____
2. A : Vous sautez ? B : _____
3. A : Vous causez ? B : _____
4. A : Vous chauffez ? B : _____

4 A : *J'ai vu ton hôtel.* B : *Non, mon hôtel ?*

À vous ! Dites bien la liaison obligatoire n° 2 *(voir p. 16)*.

1. A : J'ai vu ton hôtel. B : _____
2. A : J'ai pris ton autobus. B : _____
3. A : J'ai entendu ton orchestre. B : _____
4. A : J'ai réparé ton horloge. B : _____

5 A : *Viens au cinéma.* B : *D'accord, allons au cinéma !*

À vous ! Dites bien l'enchaînement vocalique *(liaison facultative, voir p. 17)*.

1. A : Viens au cinéma. B : _____
2. A : Viens au théâtre. B : _____
3. A : Viens au cirque. B : _____
4. A : Viens au restaurant. B : _____

6 A : *Ton cadeau a fait plaisir ?* B : *Tous mes cadeaux ont fait plaisir.*

À vous ! Dites bien l'enchaînement vocalique *(liaison impossible n° 1, voir p. 17)*.

1. A : Ton cadeau a fait plaisir ? B : _____
2. A : Ton stylo a fait plaisir ? B : _____
3. A : Ton gâteau a fait plaisir ? B : _____
4. A : Ton tableau a fait plaisir ? B : _____

LECTURE Mon premier est *bon*, Mon second est *bon*, mon tout est .... *bonbon* !

Charade.

BEAU-BON /o/-/õ/

EXERCICES

7 Répétez. Bouche fermée pour /õ/ et /o/.

/õ/ /o/
1. Ce sont vos objections.
2. Ce sont vos opinions.
3. Ce sont vos observations.
4. Ce sont vos obsessions.

8 Répétez. Dites bien l'enchaînement vocalique *(liaison impossible n° 2, voir p. 17)*.

/õ o/
1. Nous vous conduirons au train.
2. Nous vous laisserons au garage.
3. Nous vous accompagnerons au métro.
4. Nous vous déposerons au passage.

9 A : Vous avez trouvé votre train ?   B : Non, il faut qu'on* le trouve.
À vous ! Faites bien la chute du /ə/ *(voir p. 18)*.

1. A : Vous avez trouvé votre train ?   B : _____
2. A : Vous avez demandé le contrôleur ?   B : _____
3. A : Vous avez réservé votre repas ?   B : _____
4. A : Vous avez payé votre café ?   B : _____
5. A : Vous avez composé votre code ?   B : _____

* En style plus familier, on peut entendre « l' faut » ou même « faut » (voir p. 21).

10 A : Offrez-leur des fleurs.   B : Quelles fleurs peut-on offrir?
À vous ! Dites bien la liaison obligatoire n° 5 puis l'enchaînement vocalique *(liaison impossible n° 2, voir p. 17)*.

1. A : Offrez-leur des fleurs.   B : _____
2. A : Offrez-leur des bonbons.   B : _____
3. A : Offrez-leur des chocolats.   B : _____
4. A : Offrez-leur des alcools.   B : _____
5. A : Offrez-leur des liqueurs.   B : _____

LECTURE

C'est le plus vieux tango du monde
Celui que les têtes blondes
Ânonnent comme une ronde
En apprenant leur latin
C'est le tango du collège...

Jacques Brel (1929-1978), *Rose* (chanson).

BEAU-BON /o/-/õ/

EXERCICES

★★★

11 Répétez. Dites bien les enchaînements *(voir p. 14 et 15)*.

/ õ / / o f /
1. C'est bon, sauf au onzième étage.
2. C'est bon, sauf à onze heures.
3. C'est bon, sauf le onze octobre.
4. C'est bon, sauf dans le onzième arrondissement.

⚠ Prononciation de « onze » : se prononce comme s'il commençait par un « h » aspiré *(voir p. 17)*.

12 Répétez. Dites bien l'enchaînement vocalique *(liaison impossible n° 3, voir p. 17)* **puis la liaison obligatoire n° 4** *(voir p. 16)*.

/ õ o / / õ ₙ o /
1. Selon Augustin, on aurait dû contrôler.
2. Selon Aurore, on aurait dû compter.
3. Selon Aurélie, on aurait dû confirmer.
4. Selon Aude, on aurait dû continuer.

13 A : Vous n'avez pas discuté des salaires ?   B : Voyons ! C'est ce dont on* a discuté.
À vous ! Dites bien les liaisons obligatoires n° 4 *(voir p. 16)*.

1. A : Vous n'avez pas discuté des salaires ?   B : _____
2. A : Vous n'avez pas rêvé d'augmentation ?   B : _____
3. A : Vous n'avez pas manqué d'expérience ?   B : _____
4. A : Vous n'avez pas profité de l'incident ?   B : _____

La structure des phrases de cet exercice relève d'un style plus soutenu *(voir p. 21)* et on prononce le / ə / de « ce ».

14 A : On* a appelé le spécialiste.   B : Ah bon ! Sinon on* l'aurait appelé nous-mêmes.

À vous ! Dites bien l'enchaînement vocalique *(liaison impossible n° 3, voir p. 17)*.

1. A : On a appelé le spécialiste.   B : _____
2. A : On a informé le propriétaire.   B : _____
3. A : On a excusé le président.   B : _____
4. A : On a averti le directeur.   B : _____
5. A : On a emmené le visiteur.   B : _____

LECTURE   Nos émotions sont dans nos mots comme des oiseaux empaillés.
Henry de Montherlant (1895-1972).

19 UNE-UN / y n / - / œ̃ /

**Chacun sa chacune,
L'une et l'un font deux.**

Francis Carco (1886-1958), *Le Doux Caboulot*.

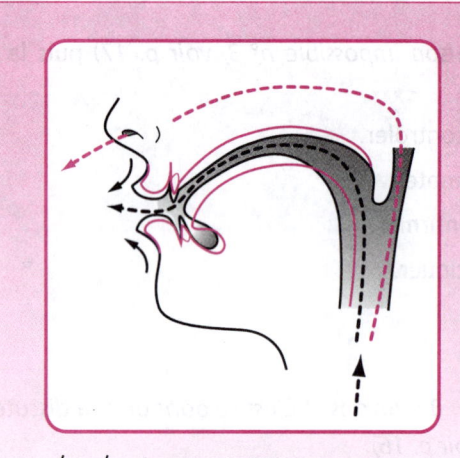

/ y / - lèvres très arrondies
- bouche très fermée

/ y / - langue très en avant
- l'air passe par la bouche

/ œ̃ / - langue en avant
- l'air passe par la bouche
et par le nez

/ œ̃ / - lèvres arrondies
- bouche presque ouverte

Vous pouvez étudier la prononciation du / y / p. 46 (**vie - vue**), p. 50 (**roue - rue**), p. 54 (**du - deux**) et p. 180 (**Louis - lui**).

⚠ Le « un », normalement prononcé / œ̃ / peut se prononcer comme le / ɛ̃ /, en particulier dans la région parisienne. Dans ce cas, on le transcrit / Ẽ /.

Vous pouvez étudier la prononciation du / ɛ̃ / p. 84 (**lait - lin**), p. 100 (**cinq - cent**) et p. 108 (**frein - franc - front**).

/ y / s'écrit le plus souvent :	- u û - eu eû (conjugaison du verbe « avoir ») - uë	perdu dû j'ai eu nous eûmes aiguë
/ œ̃ / s'écrit le plus souvent :	un um [1]	brun parfum

(1) Le « m » se trouve devant les lettres « p, b, m » et parfois en fin de mot.

96 • quatre-vingt-seize

UNE-UN / y n / - / œ̃ /

EXERCICES

1 Répétez : féminin - masculin. Lèvres en avant pour / y /.

/ y n / - / œ̃ /
1. Une fille - Un garçon.
2. Une jeune femme - Un jeune homme.
3. Une dame - Un monsieur.
4. Une bonne femme* - Un type*.
5. Une nana* - Un mec*.

2 Répétez : masculin - féminin. Dites bien les liaisons obligatoires n° 6 et n° 2 au masculin *(voir p. 16)*, et la liaison obligatoire n° 6 puis l'enchaînement consonantique au féminin *(voir p. 15)*.

/ œ̃ n / - / y n /
1. C'est un acteur. - C'est une actrice.
2. C'est un auditeur. - C'est une auditrice.
3. C'est un électeur. - C'est une électrice.
4. C'est un agriculteur. - C'est une agricultrice.

3 A : *Tu as bu un verre ?*   B : *J'en ai bu un.*

À vous ! Dites bien la liaison obligatoire n° 4 *(voir p. 16)* puis l'enchaînement vocalique *(voir p. 14)*.

1. A : Tu as bu un verre ?   B : _____
2. A : Tu as vu un hôtel ?   B : _____
3. A : Tu as perdu un billet ?   B : _____
4. A : Tu as reçu un paquet ?   B : _____
5. A : Tu as retenu un taxi ?   B : _____

4 A : *Tous achètent la presse ?*   B : *Quelques-uns l'achètent.*

À vous ! Dites bien les deux groupes rythmiques *(voir p. 13)*.

1. A : Tous achètent la presse ?   B : _____
2. A : Tous apprécient la télévision ?   B : _____
3. A : Tous écoutent la radio ?   B : _____
4. A : Tous utilisent internet ?   B : _____

5 A : *Tu prendrais des brioches ?*   B : *J'en prendrai sûrement une.*

À vous ! Dites bien l'enchaînement vocalique *(liaison impossible n° 3 voir p. 17)*.

1. A : Tu prendrais des brioches ?   B : _____
2. A : Tu mangerais des glaces ?   B : _____
3. A : Tu choisirais des pâtisseries ?   B : _____
4. A : Tu commanderais des tartes ?   B : _____

LECTURE

Un arrondissement c'est immense. On risque de s'y perdre. C'est une ville en miniature dans la grande.

Henri Calet (1904-1956), *Le tout sur le tout.*

UNE-UN / y n / - / œ̃ /

EXERCICES

6 Répétez : féminin - masculin. Lèvres en avant pour / y /.

/ y n / - / œ̃ n /
1. Je te présente une amie. - Je te présente un ami.
2. Je te présente une artiste. - Je te présente un artiste.
3. Je te présente une architecte. - Je te présente un architecte.
4. Je te présente une économiste. - Je te présente un économiste.

7 Répétez : masculin - féminin. Dites bien l'enchaînement vocalique au masculin *(liaison impossible n°1 voir p. 17)*, puis l'enchaînement consonantique au féminin *(voir p. 15)*.

/ œ̃ / - / y n /
1. Chacun avait réservé. - Chacune avait réservé.
2. Chacun écoutait. - Chacune écoutait.
3. Chacun applaudissait. - Chacune applaudissait.
4. Chacun était ravi. - Chacune était ravie.

8 A : Les enfants ont coupé le gaz ?   B : L'un ou l'autre l'aura coupé.

À vous ! Dites bien l'enchaînement vocalique *(liaison impossible n° 1, voir p. 17)*.

1. A : Les enfants ont coupé le gaz ?   B : _____
2. A : Ils ont fermé la porte ?   B : _____
3. A : Ils ont rentré la poubelle ?   B : _____
4. A : Ils ont attaché le chien ?   B : _____
5. A : Ils ont arrosé le jardin ?   B : _____

9 A : Je distribue un badge à chacune ?   B : S'il te plaît. À chacune un badge.

À vous ! Dites bien l'enchaînement consonantique *(voir p. 15)*.

1. A : Je distribue un badge à chacune ?   B : _____
2. A : Je donne un poster à chacune ?   B : _____
3. A : J'envoie un carton à chacune ?   B : _____
4. A : J'expédie un catalogue à chacune ?   B : _____

10 A : Mon téléphone est occupé !   B : Quelqu'un utilise ton téléphone...

À vous ! Dites bien l'enchaînement vocalique *(liaison impossible n° 1, voir p. 17)*.

1. A : Mon téléphone est occupé !   B : _____
2. A : Mon bureau est occupé !   B : _____
3. A : Mon fax est occupé !   B : _____
4. A : Ma ligne est occupée !   B : _____

LECTURE

Je pense que je ne saurais pas dire la différence entre un hermaphrodite et une hermaphrodite.

Hervé Le Tellier (1947-), *Mille pensées (premiers cents)*.

UNE-UN / y n / - / œ̃ /

EXERCICES

★★★

11 Répétez : féminin - masculin. Lèvres en avant pour / y /.

/ y / - / œ̃ /
1. Une belle brune. - Un beau brun.
2. Une idée commune. - Un propos commun.
3. La minute opportune. - Le moment opportun.
4. À la une du journal. - À l'acte un.

⚠ Prononciation de « une », « un » accentués : se prononcent comme s'ils commençaient par un « h » aspiré (voir p. 17).

12 Répétez : masculin - féminin. Faites bien la chute du / ə / au masculin (voir p. 18) puis dites les consonnes géminées au féminin (voir p. 19) et le / ə / de « ne » au féminin.

/ œ̃ n ə / - / y n n ə /
1. Aucun ne voudra. - Aucune ne voudra.
2. Aucun ne saura. - Aucune ne saura.
3. Aucun ne pourra. - Aucune ne pourra.

13 A : On t'a dit qu'Arnaud était licencié ?   B : Bien sûr, plus d'un me l'a dit.

À vous ! Dites bien l'intonation n° 4 puis l'intonation assertive n° 1 (voir p. 20).

1. A : On t'a dit qu'Arnaud était licencié ?   B : _____
2. A : On t'a signalé qu'il était reçu ?   B : _____
3. A : On t'a révélé qu'il se mariait ?   B : _____
4. A : On t'a fait savoir qu'il divorçait ?   B : _____
5. A : On t'a annoncé qu'il était mort ?   B : _____

14 A : Vous avez obtenu une prime ?   B : Chacun en a obtenu une.

À vous ! Dites bien les enchaînements vocaliques (liaison impossible n° 1, voir p. 17) et la liaison obligatoire n° 4 (voir p. 16).

1. A : Vous avez obtenu une prime ?   B : _____
2. A : Vous avez exigé une compensation ?   B : _____
3. A : Vous avez imposé une date ?   B : _____
4. A : Vous avez indiqué une orientation ?   B : _____
5. A : Vous avez accepté une entrevue ?   B : _____

LECTURE

Je pense à ces compositions de carrés et de rectangles dont le prétexte est un clavecin ouvert, un peintre à l'œuvre devant son chevalet, une carte géographique au mur, une fenêtre entrebâillée, l'angle d'un meuble ou d'un plafond formé par la rencontre de trois surfaces [...]

Paul Claudel (1868-1955), *Introduction à la peinture hollandaise.*

20 CINQ-CENT /ɛ̃/ - /ɑ̃/

Qu'**im**porte le t**em**ps
Qu'**em**porte le v**en**t
Mieux vaut ton abs**en**ce
Que ton **in**conséqu**en**ce.

Serge Gainsbourg (1928-1991), « *Indifférente* ».

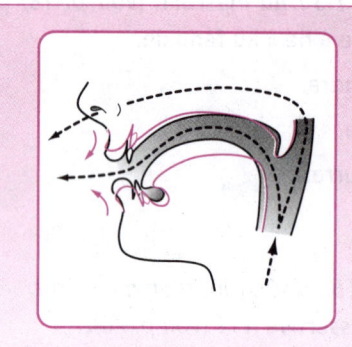

/ɛ̃/ - langue en avant
- l'air passe par la bouche et par le nez

/ɑ̃/ - langue un peu en arrière
- l'air passe par la bouche et par le nez

/ɛ̃/ - lèvres tirées
- bouche presque fermée

/ɑ̃/ - lèvres légèrement arrondies
- bouche bien ouverte

Vous pouvez étudier la prononciation du /ɛ̃/ p. 84 (**lait - lin**) et p. 108 (**frein - franc - front**).
Vous pouvez étudier la prononciation du /ɑ̃/ p. 88 (**plat - plan**), p. 104 (**long - lent**) et p. 108 (**frein - franc - front**).

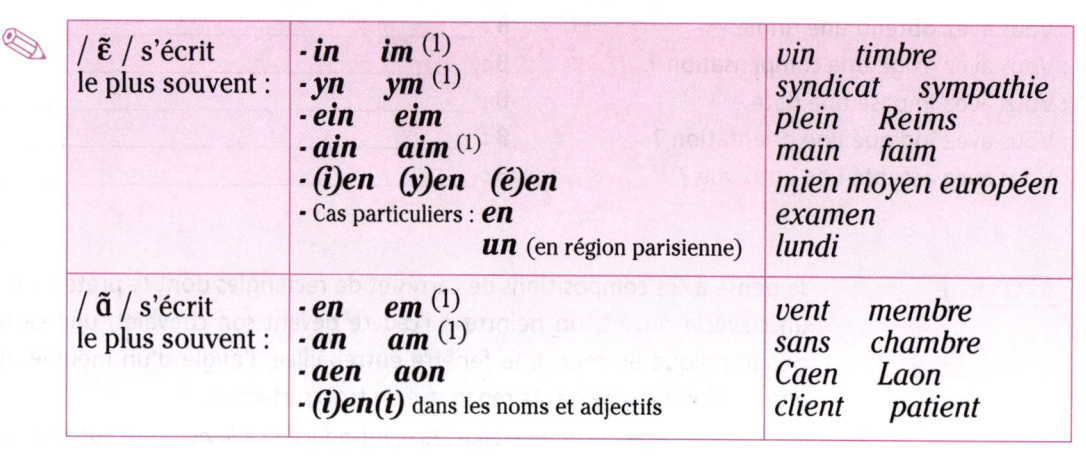

/ɛ̃/ s'écrit le plus souvent :	- *in* *im* [1] - *yn* *ym* [1] - *ein* *eim* - *ain* *aim* [1] - *(i)en* *(y)en* *(é)en* - Cas particuliers : *en* *un* (en région parisienne)	vin timbre syndicat sympathie plein Reims main faim mien moyen européen examen lundi
/ɑ̃/ s'écrit le plus souvent :	- *en* *em* [1] - *an* *am* [1] - *aen* *aon* - *(i)en(t)* dans les noms et adjectifs	vent membre sans chambre Caen Laon client patient

(1) Le « *m* » se trouve devant les lettres « *p, b, m* », et parfois (pour /ɛ̃/ seulement) en fin de mot.

CINQ-CENT / ɛ̃ / - / ɑ̃ /

EXERCICES

1 Répétez. Bouche presque fermée pour / ɛ̃ /, bien ouverte pour / ɑ̃ /.

/ ɛ̃ / / ɑ̃ /   1. Quinze francs.   / ɛ̃ / / ɑ̃ / / ɑ̃ /   3. Cinquante francs.
                 2. Vingt francs.   4. Cinq cents francs.

⚠ Prononciation de « vingt » : devant un mot qui commence par une consonne, le « t » n'est, en général, pas prononcé.
Prononciation de « cinq » : dans les nombres, le « q » final n'est pas prononcé.

2 Répétez. Dites bien l'enchaînement consonantique *(voir p. 15)* puis la liaison obligatoire n° 6 *(voir p. 16)*.

/ₜ ɛ̃ / / ɑ̃ /   1. Il est impatient.   3. Il est imprudent.
                 2. Il est important.   4. Il est inquiétant.

3 A : *Votre petite-fille est grande...*   B : *C'est vrai... Elle devient grande.*

À vous ! Dites bien l'intonation n° 4 puis l'intonation assertive n° 1 *(voir p. 20)*.

1. A : Votre petite-fille est grande...   B : _____
2. A : Elle est savante...   B : _____
3. A : Elle est charmante...   B : _____
4. A : Elle est fatigante...   B : _____
5. A : Elle est marrante*...   B : _____

4 A : *C'était intéressant ?*   B : *Tu sais, vraiment intéressant !*

À vous ! Dites bien l'enchaînement vocalique (liaison impossible n° 3, voir p. 17).

1. A : C'était intéressant ?   B : _____
2. A : C'était impressionnant ?   B : _____
3. A : C'était intimidant ?   B : _____
4. A : C'était insuffisant ?   B : _____
5. A : C'était indifférent ?   B : _____

5 A : *Anne revient en septembre ?*   B : *Pas avant le vingt septembre.*

À vous ! Dites bien la liaison facultative *(voir p. 17)* puis faites la chute du / ə / *(voir p. 18)*.

1. A : Anne revient en septembre ?   B : _____
2. A : Claire revient en novembre ?   B : _____
3. A : Cécile revient en décembre ?   B : _____
4. A : Elsa revient en janvier ?   B : _____
5. A : Sarah revient en juin ?   B : _____

⚠ Prononciation de « vingt » : voir exercice 1.
* En style plus familier, on peut ne pas entendre la liaison « Pas avant » *(voir p. 21)*.

LECTURE   L'appétit vient en mangeant.
                                            Proverbe.

cent un • 101

CINQ-CENT / ɛ̃ / - / ɑ̃ /

EXERCICES

6 Répétez. Bouche presque fermée pour / ɛ̃ /, bien ouverte pour / ɑ̃ /.

/ ɛ̃ / / ɑ̃ /
1. Il y a vingt ans.
2. Il y a vingt-cinq ans.
3. Il y a cinquante ans.
4. Il y a cinquante-cinq ans.

⚠ Prononciation de « vingt-cinq » : dans les composés de « vingt », le « t » est prononcé.

7 Répétez. Dites bien l'enchaînement vocalique *(liaison impossible n° 2, voir p. 17).*

/ ɛ̃ ɑ̃ /
1. Sers le raisin en grappes.
2. Apporte le vin en bouteille.
3. Coupe le pain en tranches.
4. Ajoute du thym en branche.

8 A : Le chef t'attend maintenant. B : Mince* ! Il m'attend maintenant ?
À vous ! Dites bien l'intonation exclamative n° 3 puis interrogative n° 2.1 *(voir p. 20).*

1. A : Le chef t'attend maintenant. B : _____
2. A : Il t'attend dans un instant. B : _____
3. A : Il t'attend en juin. B : _____
4. A : Il t'attend au printemps. B : _____

9 A : Tu vas informer qui ? B : Je pense informer Vincent.
À vous ! Dites bien l'enchaînement consonantique *(voir p. 15).*

1. A : Tu vas informer qui ? B : _____
2. A : Tu vas interroger qui ? B : _____
3. A : Tu vas inviter qui ? B : _____
4. A : Tu vas imposer qui ? B : _____
5. A : Tu vas installer qui ? B : _____

10 A : Tu veux t'acheter des fruits ? B : Je veux bien m'en acheter.
À vous ! Dites bien la liaison obligatoire n° 4 *(voir p. 16).*

1. A : Tu veux t'acheter des fruits ? B : _____
2. A : Tu veux t'excuser de ton absence ? B : _____
3. A : Tu veux t'occuper des enfants ? B : _____
4. A : Tu veux t'assurer de son arrivée ? B : _____
5. A : Tu veux t'expliquer de ton retard ? B : _____

LECTURE

Je pense qu'en 1514, personne n'aurait pu imaginer 1515 Marignan.

Hervé Le Tellier (1947-), *Mille pensées (premiers cents).*

⚠ Prononciation des dates : prononcez « quinze cent quatorze » et « quinze cent quinze ».

Marignan, ville d'Italie, est le lieu d'une célèbre victoire de François Ier.

102 • cent deux

EXERCICES

11 Répétez. Dites bien les enchaînements vocaliques *(liaisons impossibles n° 1 et n° 3, voir p. 17)* **et les liaisons obligatoires n° 6 et 2** *(voir p. 16)*.

1. C'est envoyé à Pékin et en Irlande.
2. C'est envoyé à Dublin et en Islande.
3. C'est envoyé à Berlin et en Iran.
4. C'est envoyé à Port-au-Prince et en Hollande.

« Hollande » : le « h » est aspiré (voir p. 17).

12 **A :** *Ils l'ont vendu ?*   **B :** *Tu penses*, c'est absolument invendable !*

À vous ! Cherchez l'adjectif correspondant au verbe. Dites bien l'enchaînement vocalique *(liaison impossible n° 3, voir p. 17)*.

1. A : Ils l'ont vendu ?   B : _____
2. A : On l'a transporté ?   B : _____
3. A : Tu l'as mangé ?   B : _____
4. A : Tu y avais pensé ?   B : _____
5. A : On peut s'en dispenser ?   B : _____

13 **A :** *Je lance un projet de film ?*   **B :** *Oh oui, lances-en un !*

À vous ! Dites bien la liaison obligatoire n° 5 *(voir p. 16)* et l'enchaînement vocalique *(liaison impossible n° 2, voir p. 17)*.

⚠ Pour la prononciation de « un », voir p. 96.

1. A : Je lance un projet de film ?   B : _____
2. A : Je commande un écran ?   B : _____
3. A : Je demande un projecteur ?   B : _____
4. A : Je branche un haut-parleur ?   B : _____

ÉCRITURE

Trouvez l'adverbe correspondant à l'adjectif.

Exemple : prochain : prochainement.

prochain : _____   sain : _____
humain : _____   plein : _____
certain : _____   vain : _____
souterrain : _____   vilain : _____
souverain : _____   serein : _____
soudain : _____   ancien : _____

LECTURE

Je chante, aux bords de Cythère
Les seuls volages amants,
Et viens, plein de confiance
Annoncer la vérité
Des charmes de l'inconstance
Et de l'infidélité.

Guillaume de Chaulieu (1639-1720), *Apologie de l'inconstance en 1700.*

21 LONG-LENT /õ/ - /ã/

> À partir d'Irkoutsk le voyage devint beaucoup trop lent beaucoup trop long.
> Blaise Cendrars (1887-1961),
> *Prose du transsibérien et de la petite Jehanne de France.*

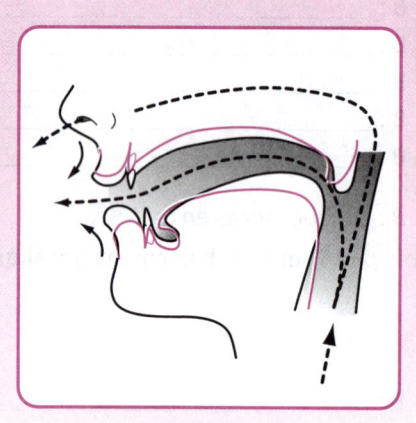

/ õ / - langue en arrière
- l'air passe par la bouche et par le nez

/ ã / - langue un peu en arrière
- l'air passe par la bouche et par le nez

/ õ / - lèvres très arrondies
- bouche presque fermée

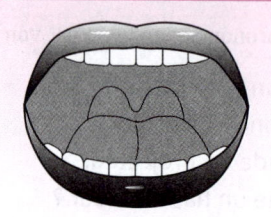

/ ã / - lèvres légèrement arrondies
- bouche bien ouverte

Vous pouvez étudier la prononciation du / õ / p. 92 (**beau - bon**) et p. 108 (**frein - franc - front**).

Vous pouvez étudier la prononciation du / ã / p. 88 (**plat - plan**), p. 100 (**cinq - cent**) et p. 108 (**frein - franc - front**).

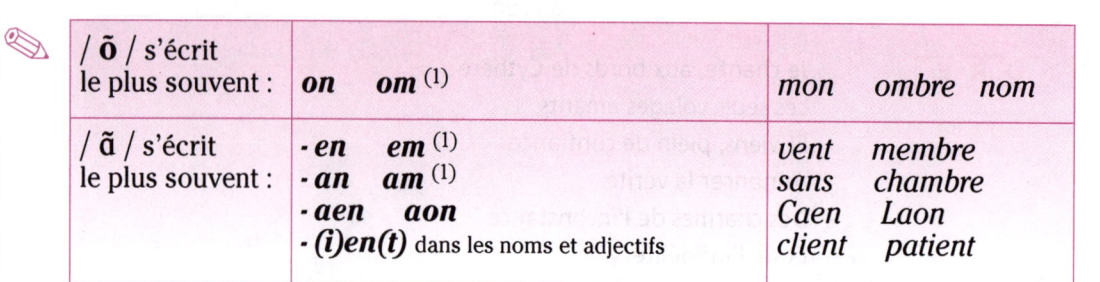

/ õ / s'écrit le plus souvent :	**on om** [1]		mon ombre nom
/ ã / s'écrit le plus souvent :	- **en em** [1] - **an am** [1] - **aen aon** - **(i)en(t)** dans les noms et adjectifs		vent membre sans chambre Caen Laon client patient

(1) Le « m » se trouve devant les lettres « p, b, m », et parfois (pour / õ / seulement) en fin de mot.

LONG-LENT / õ / - / ã /

EXERCICES

1 Répétez. Bouche fermée pour / õ /, bien ouverte pour / ã /.

/ õ / / ã /
1. On mange.
2. On danse.
3. On range.
4. On pense.

2 Répétez. Dites bien la liaison obligatoire n° 4 *(voir p. 16)*.

⚠ « d » est prononcé / t / en liaison.

/ ã ͜t õ / / õ /
1. Quand on veut, on peut !
2. Quand on le dit, on le fait !
3. Quand on sait, on répond !
4. Quand on n'a rien à dire, on se tait !

3 A : C'est ton frère ?   B : C'est mon grand frère.

À vous ! Dites bien un seul groupe rythmique *(voir p. 13)*.

1. A : C'est ton frère ?   B : _____
2. A : C'est ton père ?   B : _____
3. A : C'est ton oncle ?   B : _____

4 A : Où travaillez-vous ?   B : Nous travaillons dans mon bureau.

À vous ! Dites bien l'intonation assertive n° 1 *(voir p. 20)*.

1. A : Où travaillez-vous ?   B : _____
2. A : Où lisez-vous ?   B : _____
3. A : Où discutez-vous ?   B : _____
4. A : Où bavardez-vous ?   B : _____

5 A : Mes parents habitent en Angleterre.   B : Ah, bon ? En Angleterre ?

À vous ! Dites bien les deux intonations interrogatives n° 2.1 *(voir p. 20)*.

1. A : Mes parents habitent en Angleterre.   B : _____
2. A : Ils ont vécu en Angola.   B : _____
3. A : Ils sont envoyés en Iran.   B : _____
4. A : Ils ont une maison en Hollande.   B : _____
5. A : Ils se reposent en Hongrie.   B : _____

« Hollande, Hongrie » : le « h » est aspiré *(voir p. 17)*.

LECTURE   Quand on est mort, c'est pour longtemps.

Proverbe.

cent cinq • 105

LONG-LENT / õ / - / ã /

EXERCICES

6 Répétez. Dites bien la liaison obligatoire n° 4 *(voir p. 16)*.

/ õ ₜ ã / / õ ₙ ã / 1. Ça fait longtemps qu'on en prend !
2. Ça fait longtemps qu'on en vend !
3. Ça fait longtemps qu'on en manque !
4. Ça fait longtemps qu'on en tente !

7 Répétez. Dites bien l'enchaînement vocalique *(liaison impossible n° 2, voir p. 17)* et les liaisons obligatoires n° 4 et 2 *(voir p. 16)*.

/ ã / / õ ã / 1. Nous en planterons en hiver.
2. Nous en taillerons en avril.
3. Nous en couperons en été.
4. Nous en cueillerons en automne.

8 A : En France, on cultive du blé ? B : On en cultive beaucoup.

À vous ! Dites bien la liaison obligatoire n° 4 *(voir p. 16)*.

1. A : En France, on cultive du blé ? B : _____
2. A : On produit du vin ? B : _____
3. A : On fabrique des voitures ? B : _____
4. A : On construit des avions ? B : _____
5. A : On dessine des vêtements ? B : _____
6. A : On publie des livres ? B : _____

9 A : Vous irez à Paris bientôt ? B : On* ira quand on pourra.

À vous ! Dites bien les liaisons obligatoires n° 4 *(voir p. 16)*.

⚠ « d » est prononcé / t / en liaison.

1. A : Vous irez à Paris bientôt ? B : _____
2. A : Vous voyagerez de nuit ? B : _____
3. A : Vous partirez avant Noël ? B : _____
4. A : Vous reviendrez après les fêtes ? B : _____
5. A : Vous repartirez l'année prochaine ? B : _____

LECTURE

Vos bouches mentent !
Vos mensonges sentent la menthe,
Amantes !

Robert Desnos (1900-1945), *Corps et Biens.*

LONG-LENT /õ/ - /ã/

EXERCICES

★★★

10 **Répétez. Dites bien la liaison obligatoire n° 5** *(voir p. 16)* **puis l'enchaînement vocalique** *(liaison impossible n° 2, voir p. 17)* **et les consonnes géminées avec assimilation** *(voir p. 19).*

/ã õ/ /ã/
1. Prépares-en onze cents !
2. Achètes-en onze cents !
3. Réclames-en onze cents !
4. Proposes-en onze cents !

⚠ On entend souvent « onze cents, douze cents, …, dix-neuf cents » pour « 1100, 1200, …,1900 », lorsqu'ils expriment une somme ou une date.

11 A : On* s'accordera des vacances.   B` : Quand on* s'en accordera ?

À vous ! Dites bien l'enchaînement vocalique *(liaison impossible n° 3, voir p. 17)* **puis la liaison obligatoire n° 4** *(voir p. 16).*

1. A : On s'accordera des vacances.   B : _____
2. A : On s'échangera des catalogues.   B : _____
3. A : On s'achètera des cartes postales.   B : _____
4. A : On s'offrira des souvenirs.   B : _____

12 A : Les jeunes ont enlevé des meubles.   B : Ils en ont enlevé beaucoup ?

À vous ! Dites bien les liaisons obligatoires n° 4 *(voir p. 16).*

1. A : Les jeunes ont enlevé des meubles.   B : _____
2. A : Ils ont enregistré de la musique.   B : _____
3. A : Ils ont envoyé des faire-part.   B : _____
4. A : Ils ont emporté des fleurs.   B : _____
5. A : Ils ont emmené des invités.   B : _____

13 A : Allez, on* parle de tes difficultés.   B : Bon, mais comment on en parle ?

À vous ! Dites bien l'enchaînement vocalique *(liaison impossible n° 3, voir p. 17)* **puis la liaison obligatoire n° 4** *(voir p. 16).*

1. A : Allez, on parle de tes difficultés   B : _____
2. A : Allez, on en discute.   B : _____
3. A : Allez, on en cause.   B : _____
4. A : Allez, on en débat.   B : _____

⚠ La liaison avec « comment » ne s'entend que dans « Comment allez-vous ? ».

ÉCRITURE   C'est en forgeant qu'on devient forgeron

Des poètes se sont inspirés de ce proverbe pour en imaginer d'autres en jouant sur les mots. À vous !

C'est en lisant qu'on devient liseron
C'est en bûchant qu'on devient bûcheron

_____

cent sept • 107

22 FREIN-FRANC-FRONT
/ ɛ̃ / - / ã / - / õ /

À **vain**cre **sans** péril, **on** tri**om**phe **sans** gloire.
Pierre Corneille (1606-1684), *Le Cid* (Acte II, scène 2).

L'**in**c**on**vén**ien**t du voyage, c'est le goût abusif des c**om**parais**ons**.
Gérard Macé (1946-), *Où grandissent les pierres*.

	/ ɛ̃ / - lèvres tirées - bouche presque fermée - langue en avant
	/ ã / - lèvres légèrement arrondies - bouche bien ouverte - langue un peu en arrière
	/ õ / - lèvres très arrondies - bouche presque fermée - langue en arrière
- l'air passe par la bouche et par le nez	

Vous pouvez étudier la prononciation du / ɛ̃ / p. 84 (**lait - lin**) et p. 100 (**cinq - cent**).
Vous pouvez étudier la prononciation du / ã / p. 88 (**plat - plan**), p. 100 (**cinq - cent**) et p. 104 (**long - lent**).
Vous pouvez étudier la prononciation du / õ / p. 92 (**beau - bon**) et p. 104 (**long - lent**).

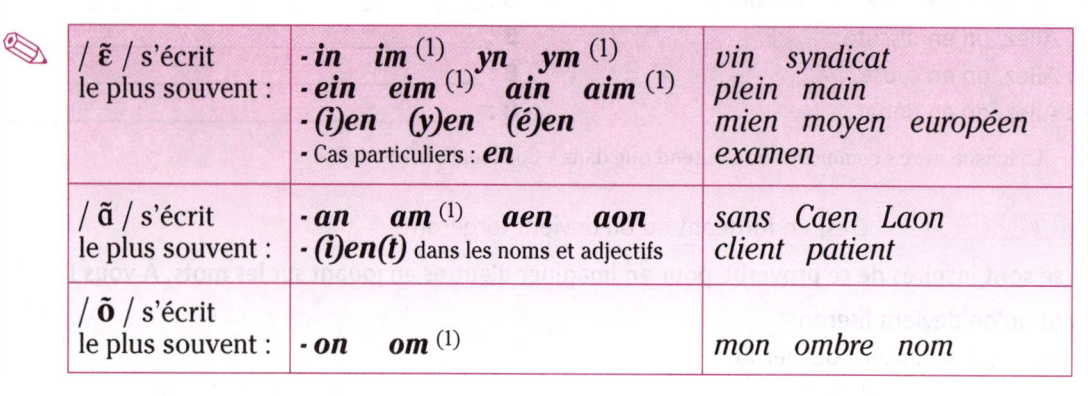

/ ɛ̃ / s'écrit le plus souvent :	- **in** **im** (1) **yn** **ym** (1) - **ein** **eim** (1) **ain** **aim** (1) - **(i)en** **(y)en** **(é)en** - Cas particuliers : **en**	v**in** synd**i**cat pl**ein** m**ain** m**ien** mo**yen** europ**éen** exam**en**
/ ã / s'écrit le plus souvent :	- **an** **am** (1) **aen** **aon** - **(i)en(t)** dans les noms et adjectifs	s**ans** C**aen** L**aon** cl**ient** pat**ient**
/ õ / s'écrit le plus souvent :	- **on** **om** (1)	m**on** **om**bre n**om**

(1) Le « *m* » se trouve devant les lettres « *p, b, m* », et parfois (pour / ɛ̃ / et / õ /) en fin de mot.

108 • cent huit

FREIN-FRANC-FRONT /ɛ̃/ - /ɑ̃/ - /ɔ̃/

EXERCICES

1 Répétez.

/ɛ̃/ /ɑ̃/ /ɔ̃/
1. Un grand rond.
2. Un grand nom.
3. Un grand pont.
4. Un grand front.

⚠ Pour la prononciation de « un », voir p. 96.

2 Répétez. Bouche bien ouverte pour /ɑ̃/.

/ɑ̃/ /ɔ̃/ /ɛ̃/
1. Dans mon coin.
2. Dans ton bain.
3. Dans son vin.
4. Dans ton pain.

3 Répétez. Faites bien la chute du /ə/ (voir p. 18).

/ɔ̃/ /ɑ̃/ /ɛ̃/
1. On ne̸ sent rien.
2. On ne̸ rend rien.
3. On ne̸ prend rien.
4. On ne̸ vend rien.

* En style plus familier, on peut ne pas entendre le « ne » de la forme négative.

4

A : *Entrez !*   B : *Enfin, on‿entre !*

À vous ! Dites bien la liaison obligatoire n° 4 (voir p. 16).

1. A : Entrez !   B : _____
2. A : Avancez !   B : _____
3. A : Enregistrez !   B : _____
4. A : Embarquez !   B : _____

5

A : *Je viens avec mon chien ?*   B : *Ah non, sans ton chien !*

À vous ! Dites bien l'intonation exclamative n° 3 (voir p. 20).

1. A : Je viens avec mon chien ?   B : _____
2. A : Je viens avec mon copain ?   B : _____
3. A : Je viens avec mon cousin ?   B : _____
4. A : Je viens avec mon parrain ?   B : _____
5. A : Je viens avec mon gamin ?   B : _____

LECTURE

Gaston, entends-tu, ne trouves-tu pas, cette conversation pour apprendre à prononcer le son « an », le son « on », le son « in », a l'air con* ?

Eugène Ionesco (1912-1994), *Exercices de conversation et de diction françaises pour étudiants américains.*

FREIN-FRANC-FRONT /ɛ̃/ - /ã/ - /õ/

EXERCICES

6 Répétez. Dites bien la liaison obligatoire n° 6 *(voir p. 16)*.

/ₜɛ̃/ /õ/ /ã/
1. Il est inconscient.
2. Il est inconstant.
3. Il est incompétent.
4. Il est inconsistant.

7 Répétez. Dites bien l'enchaînement vocalique *(liaison impossible n° 3, voir p. 17)* puis la liaison obligatoire n° 4 *(voir p. 16)*.

/õ/ /ɛ̃ ã ₙ/
1. Combien en avez-vous ?
2. Combien en aviez-vous ?
3. Combien en aurez-vous ?
4. Combien en auriez-vous ?

8 A : *Tu en veux cinq grammes ?*   B : *Très bien, compte m'en cinq !*

⚠ Prononciation de « cinq » : en position finale, le « q » est prononcé.

À vous ! Dites bien l'intonation n° 4 puis impérative n° 3 *(voir p. 20)*.

1. A : Tu en veux cinq grammes ?   B : _____
2. A : Tu en veux quinze ?   B : _____
3. A : Tu en veux vingt ?   B : _____
4. A : Tu en veux vingt-cinq ?   B : _____
5. A : Tu en veux cinquante ?   B : _____

⚠ Prononciation de « vingt » : en position finale, le « t » n'est pas prononcé.
Prononciation de « vingt-cinq » : dans les composés de « vingt », le « t » est prononcé.

9 A : *Je descends un bagage ?*   B : *Descends donc le mien !*

À vous ! Dites bien l'intonation impérative n° 3 *(voir p. 20)*.

1. A : Je descends un bagage ?   B : _____
2. A : Je revends un billet ?   B : _____
3. A : Je défends un dossier ?   B : _____
4. A : Je lance un projet ?   B : _____
5. A : J'échange un coupon ?   B : _____

10 A : *Quelle couleur pour le mur ? Blanc ?*   B : *Eh bien, on* le peint en blanc.*

À vous ! Dites bien l'enchaînement vocalique *(liaison impossible n° 2, voir p. 17)*.

1. A : Quelle couleur pour le mur ? Blanc ?   B : _____
2. A : Ou bien marron ?   B : _____
3. A : Ou bien brun ?   B : _____
4. A : Ou bien bronze ?   B : _____
5. A : Ou bien bleu foncé ?   B : _____

LECTURE   Tous les matins du monde sont sans retour.

Pascal Quignard (1948-), *Petits Traités*.

FREIN-FRANC-FRONT /ɛ̃/ - /ɑ̃/ - /ɔ̃/

EXERCICES

★★★

11 Répétez. Dites bien les liaisons obligatoires n° 4 *(voir p. 16)*.

/ɑ̃ n ɔ̃ t ɛ̃/

1. Ils en ont invité vingt.
2. Ils en ont imposé trente.
3. Ils en ont installé onze.
4. Ils en ont indiqué un.

⚠ Prononciation de « vingt » : en position finale, le « t » n'est pas prononcé.
Pour la prononciation de « un », voir p. 96.

12 Répétez ces expressions.

1. Ils sont en sens interdit.
2. Ils vont en sens inverse.
3. Ils sont pleins de bon sens.
4. Ils ne font aucun contresens.

13 A : Je suis en France pour un an.   B : Pardon, pour combien de temps ?

À vous ! Faites bien la chute du /ə/ *(voir p. 18)* et les consonnes géminées avec assimilation *(voir p. 19)*.

1. A : Je suis en France pour un an.   B : _____
2. A : J'y suis depuis un an.   B : _____
3. A : J'y reste pendant un an.   B : _____
4. A : J'y serai dans un an.   B : _____

14 A : Mes oiseaux t'encombrent beaucoup ?   B : Disons qu'ils sont bien encombrants...

À vous ! Dites bien la liaison obligatoire n° 3 *(voir p. 16)*.

1. A : Mes oiseaux t'encombrent beaucoup ?   B : _____
2. A : Ils t'embarrassent beaucoup ?   B : _____
3. A : Ils t'envahissent beaucoup ?   B : _____
4. A : Ils t'embêtent * beaucoup ?   B : _____
5. A : Ils t'enquiquinent * beaucoup ?   B : _____

LECTURE

[...] Vois se pencher les défuntes Années,
Sur les balcons du ciel, en robes surannées ;
Surgir du fond des eaux le Regret souriant,

Le Soleil moribond s'endormir sous une arche,
Et comme un long linceul traînant à l'Orient,
Entends, ma chère, entends la douce Nuit qui marche.

Charles Baudelaire (1821-1867), *Recueillement*.

LES CONSONNES

> Les consonnes sont des sons produits par l'air qui rencontre dans la bouche un obstacle total ou partiel.

CARACTÉRISTIQUES DES CONSONNES FRANÇAISES

Toutes les consonnes peuvent se rencontrer en position initiale, interne ou finale dans le mot.

• **Anticipation vocalique et tension articulatoire :**

La bouche, la langue ou les lèvres prennent la position de la voyelle qui suit. Si la consonne est en fin de syllabe, la bouche, la langue ou les lèvres maintiennent l'articulation de la voyelle qui précède.

• **Détente finale :**

Les consonnes se prononcent intégralement, quelle que soit leur position dans la syllabe (initiale, intervocalique, finale).

– L'articulation des consonnes occlusives et nasales en position finale doit comporter une détente.

– L'articulation des consonnes sonores en position finale doit maintenir la vibration des cordes vocales.

ALPHABET PHONÉTIQUE DES CONSONNES

			Consonnes	sourdes	Consonnes	sonores
OCCLUSIVES			/ p /	pou	/ b /	bout
			/ t /	tout	/ d /	doux
			/ k /	cou	/ g /	goût
CONSTRICTIVES			/ s /	sous	/ z /	zou !
			/ ʃ /	chou	/ ʒ /	joue
			/ f /	fou	/ v /	vous
SONANTES	liquides	vibrante			/ ʀ /	serre
		latérale			/ l /	celle
	nasales				/ m /	sème
					/ n /	saine
					/ ɲ /	saigne

• **Mode d'articulation :**

Les consonnes occlusives, les consonnes constrictives et les consonnes sonantes se distinguent par leur mode d'articulation, c'est-à-dire par la nature de l'obstacle qui gêne le passage de l'air.

• **Sonorité :**

Chaque consonne occlusive et chaque consonne constrictive peut être prononcée soit sans vibration des cordes vocales (consonne sourde), soit avec vibration des cordes vocales (consonne sonore). Les consonnes sonantes sont toutes sonores.

Les consonnes sourdes sont assimilables à des fortes et les consonnes sonores à des douces.

• **Assimilation :** voir p. 19.

On remarque que l'opposition consonne forte / consonne douce se maintient toujours, même lorsque l'opposition consonne sourde / consonne sonore est altérée par une assimilation.

médecin Le / d /, consonne sonore douce, partiellement assimilé au / s /, consonne sourde forte, est prononcé comme une consonne sourde douce.

IV

LES CONSONNES OCCLUSIVES

Les consonnes occlusives sont des sons produits par l'air qui rencontre un obstacle total.

Le lieu où se situe l'obstacle qui arrête le passage de l'air permet la classification des occlusives par leur point d'articulation : les deux lèvres (consonnes bi-labiales), la pointe de la langue contre les dents (consonnes dentales) ou le dos de la langue contre le palais (consonnes palatales).

Les **consonnes occlusives sourdes** (fortes) sont prononcées sans vibration des cordes vocales ; on n'entend que le passage de l'air et ces consonnes ne sont qu'un bruit.

Les **consonnes occlusives sonores** (douces) sont prononcées avec vibration des cordes vocales ; ces consonnes sont un son associé à un bruit.

	Consonnes sourdes			Consonnes sonores		
Point d'articulation	Symbole phonétique	Exemple phonétique	Symbole	Exemple	Leçon	
bi-labial	/ **p** /	pou	/ **b** /	bout	p. 116 et p. 128
dental	/ **t** /	tout	/ **d** /	doux	p. 120 et p. 128
palatal	/ **k** /	cou	/ **g** /	goût	p. 124 et p. 128

ÉCOUTE ET DISCRIMINATION

p. 116   / p / - / b /   peigne - baigne   port - bord
                             pain - bain   trompe - trombe

Retrouvez : cochez le mot que vous entendez dans les phrases.

23
1. peigne ❏   baigne ❏
2. pain ❏   bain ❏
3. port ❏   bord ❏
4. trompe ❏   trombe ❏

---

p. 120   / t / - / d /   tes - des   tentent - tendent
                             ton - don   vantent - vendent

Retrouvez : cochez le mot que vous entendez dans les phrases.

24
1. tes ❏   des ❏
2. ton ❏   don ❏
3. tentent ❏   tendent ❏
4. vantent ❏   vendent ❏

---

p. 124   / k / - / g /   qui - Guy   cri - gris
                             écoute - égoutte   bac - bague

Retrouvez : cochez le mot que vous entendez dans les phrases.

25
1. qui ❏   Guy ❏
2. écoute ❏   égoutte ❏
3. cri ❏   gris ❏
4. bac ❏   bague ❏

---

p. 128   **Occlusives en position finale**

Répétez :

26

1)   Il est petit. - Elle est petite.

      Il est grand. - Elle est grande.

      Il est long. - Elle est longue.

2)   Il les corrompt. - Ils les corrompent. - Il faut qu'il les corrompe.

      Il promet. - Ils promettent. - Il faut qu'il promette.

      Il convainc. - Ils convainquent. - Il faut qu'il convainque.

23 PORT-BORD /p/ - /b/

Petit **p**oisson deviendra grand,
Pourvu que Dieu lui **p**rête vie.

Jean de La Fontaine (1621-1695), *Le Petit Poisson et le Pêcheur, Fables.*

Aujourd'hui elle a des **b**œufs,
des **b**eaux **b**œufs **b**lancs,
et elle **p**leure quand il faut les envoyer à **P**aris
pour les faire **a**battre.

Charles-Albert Cingria (1883-1954), *Bois sec Bois vert.*

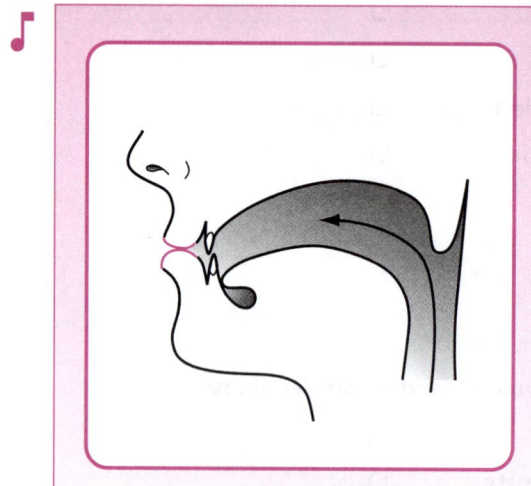

/p/	/b/
- pas de vibration des cordes vocales - consonne momentanée : les lèvres, fermées, s'ouvrent d'un seul coup	- vibration des cordes vocales - consonne momentanée : les lèvres, fermées, s'ouvrent d'un seul coup

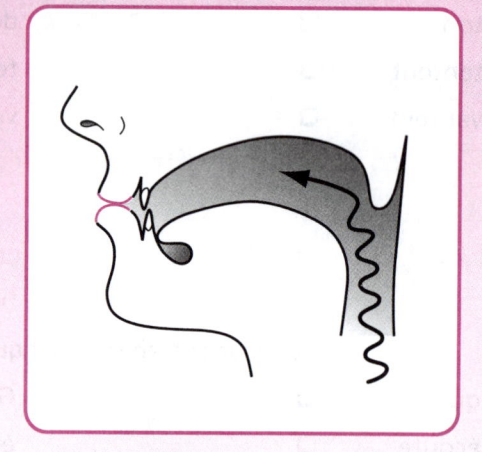

⚠ En position finale, les consonnes /**p**/ et /**b**/ doivent être prononcées intégralement (voir la leçon sur la prononciation des consonnes occlusives finales p. 128).

Vous pouvez étudier la prononciation du /**b**/ p. 154 (**boire - voir**).

/**p**/ s'écrit le plus souvent :	p pp	par apprend
/**b**/ s'écrit le plus souvent :	b bb	bon abbaye

116 • cent seize

PORT-BORD /p/-/b/

EXERCICES

1 Répétez.

/p/ /b/
1. Il pense beaucoup !
2. Il parle beaucoup !
3. Il plaît beaucoup !
4. Il pleure beaucoup !

2 Répétez. Faites bien la chute du /ə/ *(voir p. 18)*.

/b/ /p/
1. Je n(e) bois pas.
2. Je n(e) bouge pas.
3. Je n(e) me bats pas.
4. Je n(e) me blesse pas.

* En style plus familier, le « ne » de la phrase négative n'est pas prononcé.

3 A : *Je voudrais des poulets.*   B : *Combien de poulets ?*

À vous ! Dites bien l'intonation interrogative n° 2.2 *(voir p. 20)*.

1. A : Je voudrais des poulets.   B : _____
2. A : Je voudrais des poissons.   B : _____
3. A : Je voudrais des poireaux.   B : _____
4. A : Je voudrais des piments.   B : _____
5. A : Je voudrais des poires.   B : _____

4 A : *C'est bleu ?*   B : *Eh bien... C'est presque bleu !*

À vous ! Dites bien le /ə/ final *(voir p. 18)*.

1. A : C'est bleu ?   B : _____
2. A : C'est blanc ?   B : _____
3. A : C'est brun ?   B : _____
4. A : C'est blond ?   B : _____

* En style plus familier, on peut entendre : « Eh ben... » ou même « Ben... » *(voir p. 21)*.

5 A : *Patrick est beau...*   B : *C'est l(e) plus beau !*

À vous ! Faites bien la chute du /ə/ *(voir p. 18)*.

1. A : Patrick est beau...   B : _____
2. A : Il est bête...   B : _____
3. A : Il est bizarre...   B : _____
4. A : Il est bavard...   B : _____
5. A : Il est brutal...   B : _____
6. A : Il est brillant...   B : _____

LECTURE   Parlons peu, parlons bien, et surtout parlons bas.

Carmouche, *N.i.ni.* (parodie d'Hernani, 1830).

PORT-BORD /p/-/b/

EXERCICES

6 Répétez. Faites bien la chute du /ə/ *(voir p. 18)*.

/p/ /b/
1. Pas de bagarres !
2. Pas de bagages !
3. Pas de bol* !
4. Pas de blague !

7 Répétez. Dites bien l'enchaînement consonantique *(voir p. 15)*.

/bl/ /p/
1. Il semble épuisé.
2. Il semble optimiste.
3. Il semble épanoui.
4. Il semble impatient.

8 A : Je ferme la porte ?   B : Pense bien à la fermer.

À vous ! Dites bien l'enchaînement vocalique *(liaison impossible n° 2, voir p. 17)*.

1. A : Je ferme la porte ?   B : _____
2. A : Je laisse la clé ?   B : _____
3. A : Je garde la facture ?   B : _____
4. A : Je poste la lettre ?   B : _____
5. A : Je vide la corbeille ?   B : _____
6. A : Je range la revue ?   B : _____

9 A : C'est simple ?   B : Bien sûr, c'est simple !

À vous ! Dites bien les deux groupes rythmiques *(voir p. 13)*.

1. A : C'est simple ?   B : _____
2. A : C'est souple ?   B : _____
3. A : C'est propre ?   B : _____

10 A : Tu aimes cette table ?   B : Cette table ? Plus ou moins.

À vous ! Dites bien l'intonation interrogative n° 2.1 puis assertive n° 1 *(voir p. 20)*.

1. A : Tu aimes cette table ?   B : _____
2. A : Tu aimes cette fable ?   B : _____
3. A : Tu aimes ce meuble ?   B : _____
4. A : Tu aimes ce cartable ?   B : _____
5. A : Tu aimes ce timbre ?   B : _____
6. A : Tu aimes l'algèbre ?   B : _____

LECTURE   Une blême blancheur baigne les Pyrénées.

Victor Hugo (1802-1885), *Le Cycle héroïque chrétien*.

PORT-BORD /p/-/b/

EXERCICES

★★★

11 Répétez. Dites bien le /p/ de la liaison obligatoire n° 3 *(voir p. 16)*.

/ b / / p ã /   1. Vous êtes bien trop ambitieux !   3. Vous êtes bien trop embêté* !
  2. Vous êtes bien trop aimable !   4. Vous êtes bien trop embarrassé !

12 Répétez. Dites bien les consonnes géminées avec assimilation *(voir p. 19)*.

/ p b /   1. Il frappe beaucoup.   / b p /   3. Il tombe par terre.
  2. Il coupe bien.   4. Il flambe peu.

13 A : C'est un travail absorbant ?   B : Bof... il n'absorbe pas beaucoup.
À vous ! Dites bien les consonnes géminées avec assimilation *(voir p. 19)*.

1. A : C'est un travail absorbant ?   B : _____
2. A : C'est un produit désherbant ?   B : _____
3. A : C'est un bruit perturbant ?   B : _____
4. A : C'est un balcon surplombant ?   B : _____
5. A : C'est un matériau enrobant ?   B : _____

* En style plus familier, on peut entendre : « Ben, il absorbe pas beaucoup. » (voir p. 21).

14 A : Il est bricoleur.   B : Pff, c'est un pseudo-bricoleur !
À vous ! Dites bien le / p / avant le / s /.

1. A : Il est bricoleur.   B : _____
2. A : Il est brocanteur.   B : _____
3. A : Il est branché*.   B : _____
4. A : Il est brave.   B : _____

ÉCRITURE

Trouvez l'adjectif en -able formé sur les verbes suivants.

Exemple : accepter : acceptable

accepter : _____   respecter : _____   permuter : _____
prononcer : _____   exploiter : _____   profiter : _____
pratiquer : _____   habiter : _____   porter : _____
présenter : _____   souhaiter : _____   remplacer : _____
plier : _____   épouvanter : _____   imposer : _____

LECTURE

Ce toit tranquille, où marchent des colombes,
Entre les pins palpite, entre les tombes.

Paul Valéry (1871-1945), *Le Cimetière marin.*

cent dix-neuf • 119

24   TES-DES   / t / - / d /

Quelqu'un écoute.
D'une oreille si a**tt**entive qu'on l'en**t**en**d** écou**t**er.
    Robert Pinget (1919-1997), *Monsieur Songe*.

Tu es, **t**out seul, **t**out mon mal et mon bien :
Avec **t**oi **t**out, et sans **t**oi je n'ai rien :
E**t**, n'ayant rien qui plaise à ma pensée,
De **t**out plaisir me **t**rouve **d**élaissée,
E**t**, pour plaisir, ennui saisir me vient.
    Louise Labé (1526-1566), *Élégie*.

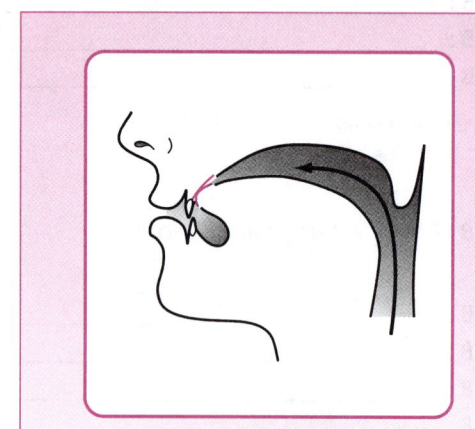

| / t / | - pas de vibration des cordes vocales
 - consonne momentanée : la pointe de la langue, contre les dents supérieures, se retire d'un seul coup | / d / | - vibration des cordes vocales
 - consonne momentanée : la pointe de la langue, contre les dents supérieures, se retire d'un seul coup |

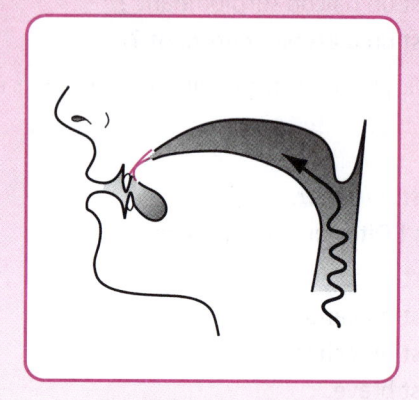

⚠ En position finale, les consonnes / **t** / et / **d** / doivent être prononcées intégralement (voir la leçon sur la prononciation des consonnes occlusives finales p. 128).

/ **t** / s'écrit le plus souvent :	**-t tt th** **- d** en liaison	*ton attendre théâtre* *grand ami*
/ **d** / s'écrit le plus souvent :	**d dd dh**	*dans addition adhésion*

TES-DES /t/-/d/

EXERCICES

1 Répétez. Dites bien l'intonation interrogative n° 2.1 *(voir p. 20)*.

/ t / / d / 1. Tu dors ? 3. Tu déjeunes ?
2. Tu dînes ? 4. Tu dessines ?

2 Répétez. Dites bien les deux groupes rythmiques *(voir p. 13)*.

/ d / / d / / t / / d / 1. Donne-moi donc ton disque ! 3. Donne-moi donc ton diplôme !
2. Donne-moi donc ton dictionnaire ! 4. Donne-moi donc ton document !

3 A : La gare est devant ? B : Devant sur votre droite.
À vous ! Dites bien les / ə / *(voir p. 18)*.

1. A : La gare est devant ? B : _____
2. A : La poste est derrière ? B : _____
3. A : La boîte aux lettres est dehors ? B : _____
4. A : Le distributeur est dedans ? B : _____

* En style plus familier, on peut entendre : « vot' droite » *(voir p. 21)*.

4 A : Ce gamin est grand ! B : Sa sœur est très grande aussi.
À vous ! Dites bien l'enchaînement consonantique avec la consonne sonore du féminin *(voir p. 15)*.

1. A : Ce gamin est grand ! B : _____
2. A : Ce gamin est laid ! B : _____
3. A : Ce gamin est blond ! B : _____
4. A : Ce gamin est gourmand ! B : _____

5 A : Je peux marcher sur l'herbe ? B : Il est interdit de marcher sur l'herbe.
À vous ! Dites bien la liaison obligatoire n° 6 *(voir p. 16)* et faites la chute du / ə / *(voir p. 18)*.

1. A : Je peux marcher sur l'herbe ? B : _____
2. A : Je peux pêcher les poissons ? B : _____
3. A : Je peux jouer dans le jardin ? B : _____
4. A : Je peux cueillir des fleurs ? B : _____
5. A : Je peux monter aux arbres ? B : _____
6. A : Je peux ramasser des champignons ? B : _____

LECTURE

Il est interdit d'interdire.
Slogan étudiant (1968).

TES-DES / t / - / d /

EXERCICES

6 Répétez.

/ d ʀ / / t /
1. Il est drôlement* tard !
2. Il est drôlement tôt !
3. Tu es drôlement triste !
4. Tu es drôlement tranquille !

7 Répétez : masculin-féminin. Dites bien les liaisons obligatoires n° 6 et 2 au masculin *(voir p. 16)* puis la liaison obligatoire n° 6 et l'enchaînement consonantique au féminin *(voir p. 15)*.

⚠ « d » est prononcé / t / en liaison.

/ ₜẼ / / ã ₜ / - / ₜ y n / / ã d /
1. C'est un grand artiste. C'est une grande artiste.
2. C'est un grand architecte. C'est une grande architecte.
3. C'est un grand interprète. C'est une grande interprète.
4. C'est un grand intellectuel. C'est une grande intellectuelle.

8 A : On ira quand au théâtre ?   B : Idiot ! Quand il y aura un théâtre !
À vous ! Dites bien la liaison obligatoire n° 4 *(voir p. 16)*.

⚠ « d » est prononcé / t / en liaison.

1. A : On ira quand au théâtre ?   B : _____
2. A : On ira quand au tennis ?   B : _____
3. A : On ira quand au dancing ?   B : _____
4. A : On ira quand au diaporama ?   B : _____

9 A : Tu as reçu des réponses ?   B : Pas de réponses du tout !
À vous ! Faites bien la chute du / ə / *(voir p. 18)*.

1. A : Tu as reçu des réponses ?   B : _____
2. A : Tu as pris des risques ?   B : _____
3. A : Tu as eu des résultats ?   B : _____
4. A : Tu as appliqué des règles ?   B : _____
5. A : Tu as rencontré des résistances ?   B : _____

10 A : J'ai des tas* de soucis...   B : Et pourquoi tant de soucis ?
À vous ! Dites bien l'intonation interrogative 2.2 *(voir p. 20)*.

1. A : J'ai des tas de soucis...   B : _____
2. A : J'ai des tas de problèmes...   B : _____
3. A : J'ai des tas de préoccupations...   B : _____
4. A : J'ai des tas de contrariétés...   B : _____
5. A : J'ai des tas de tracas...   B : _____

LECTURE   Entendez tambour qui bat !

Léopold Sédar Senghor (1906-),
Que m'accompagnent Koras et Balafong (III).

TES-DES /t/ - /d/

EXERCICES

★★★

11 Répétez : présent - passé récent. Faites bien la chute du /ə/ (voir p. 18) et les consonnes géminées au passé récent (voir p. 19).

/d/ - /d ə d/
1. Je viens dîner. - Je viens de/dîner.
2. Je viens dormir. - Je viens de/dormir.
3. Je viens discuter. - Je viens de/discuter.
4. Je viens dessiner. - Je viens de/dessiner.

12 Répétez. Dites bien les consonnes géminées avec assimilation (voir p. 19).

/t d/
1. Ils vote~~nt~~/dans deux mois et demi.
2. Ils hérite~~nt~~/dans dix mois et demi.
3. Ils parte~~nt~~/dans trois mois et demi.
4. Ils sorte~~nt~~/dans sept mois et demi.

13 A : Thomas m'a dit plein* de trucs*.   B : Raconte tout ce qu'il t'a dit...

À vous ! Dites bien les consonnes géminées (voir p. 19).

1. A : Thomas m'a dit plein de trucs.   B : _____
2. A : Il m'a décrit plein de trucs.   B : _____
3. A : Il m'a défendu plein de trucs.   B : _____
4. A : Il m'a déclaré plein de trucs.   B : _____

14 A : En montagne, il y a de belles forêts.   B : Ça oui, il y en a de très belles.

À vous ! Faites bien la chute du /ə/ (voir p. 18) et les consonnes géminées avec assimilation (voir p. 19).

1. A : En montagne, il y a de belles forêts.   B : _____
2. A : Il y a de grands rochers.   B : _____
3. A : Il y a de beaux torrents.   B : _____
4. A : Il y a de vieux arbres.   B : _____
5. A : Il y a de hauts précipices.   B : _____

* En style plus familier, on peut entendre : « y en a... » (voir p. 21).

ÉCRITURE

Racontez vos souvenirs, comme Louis Aragon (1897-1982).

Je me souviens de tant de choses
De tant de soirs
De tant de... _____

_____
_____
_____

LECTURE

Ce sont amis que vent emporte
Et il ventait devant ma porte
Les emporta.

Rutebeuf (XIIIe siècle) (chanté par Léo Ferré).

25 COU-GOÛT /k/ - /g/

La **g**uerre a pour elle l'anti**q**uité ;
elle a été dans tous les siè**c**les.

Jean de La Bruyère (1645-1696),
Du Souverain ou de la République.

Qu'est c' **qu**i passe ici si tard,
Compa**g**nons de la Marjolaine,
Qu'est c' **qu**i passe ici si tard
Gai, **g**ai, dessus le **qu**ai.

Ronde populaire, *Les Compagnons de la Marjolaine.*

(« c' » : ici, forme orale de « ce »)

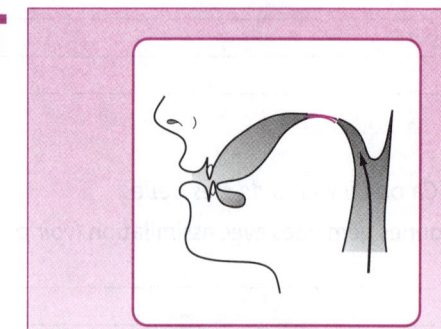

/k/ - pas de vibration des cordes vocales - consonne momentanée : le dos de la langue, contre le palais, se retire d'un seul coup	/g/ - vibration des cordes vocales - consonne momentanée : le dos de la langue, contre le palais, se retire d'un seul coup

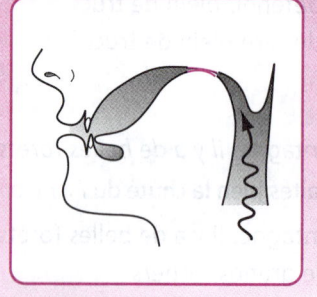

⚠ En position finale, les consonnes /k/ et /g/ doivent être prononcées intégralement (voir la leçon sur la prononciation des consonnes occlusives finales p. 128).

Vous pouvez étudier la prononciation de /k/ suivi de /s/ p. 152 (**excellent - examen**).

Vous pouvez étudier la prononciation de /g/ suivi de /z/ p. 152 (**excellent - examen**).

/k/ s'écrit le plus souvent :	· *c* *cc* *ch* · *qu* *k*	café accroc chœur quai kaki
/g/ s'écrit le plus souvent :	· *g* (+ a, + o) *gu*	gare goût Guy

124 • cent vingt-quatre

COU-GOÛT / k / - / g /

EXERCICES

1 Répétez. Dites bien la consonne sonore devant le / R /.

/ k / / g R /
1. Est-ce que c'est gros ?
2. Est-ce que c'est grand ?
3. Est-ce que c'est gras ?
4. Est-ce que c'est gris ?

2 Répétez. Dites bien les deux groupes rythmiques *(voir p. 13)*.

/ g / / k /
1. À gauche, qu'est-ce qu'il y a ?
2. À gauche, qu'y a-t-il ?
3. À gauche, qu'est-ce que tu vois ?
4. À gauche, que vois-tu ?

3 A : Tu as déjà rencontré Guy ?   B : Guy ? Qui c'est ?

À vous ! Dites bien les intonations interrogatives n° 2.1 *(voir p. 20)*.

1. A : Tu as déjà rencontré Guy ?   B : _____
2. A : Tu as déjà rencontré Gaston ?   B : _____
3. A : Tu as déjà rencontré Guillaume ?   B : _____
4. A : Tu as déjà rencontré Gaétan ?   B : _____
5. A : Tu as déjà rencontré Gaëlle ?   B : _____

4 A : J'ai rendez-vous avec le garagiste.   B : Quel garagiste ?

À vous ! Dites bien un seul groupe rythmique *(voir p. 13)*.

1. A : J'ai rendez-vous avec le garagiste.   B : _____
2. A : J'ai rendez-vous avec le gardien.   B : _____
3. A : J'ai rendez-vous avec le guitariste.   B : _____
4. A : J'ai rendez-vous avec le guide.   B : _____
5. A : J'ai rendez-vous avec le guérisseur.   B : _____

5 A : Le guide fait souvent du kayak.   B : Qu'est-ce qu'il gagne au kayak !

À vous ! Dites bien l'enchaînement consonantique *(voir p. 15)*.

1. A : Le guide fait souvent du kayak.   B : _____
2. A : Il fait souvent du canoë.   B : _____
3. A : Il fait souvent du cross.   B : _____
4. A : Il fait souvent du karaté.   B : _____

LECTURE Parce que vous êtes un grand seigneur, vous vous croyez un grand génie.

Pierre Caron de Beaumarchais, (1732-1799),
Le Mariage de Figaro (Acte V, scène 3).

cent vingt-cinq • 125

COU-GOÛT /k/-/g/

EXERCICES

★★

6 Répétez. Faites bien la chute du /ə/ *(voir p. 18)*.

/k/ /g/
1. Quand le/gardez-vous ?
2. Quand le/gagnez-vous ?
3. Quand le/goûtez-vous ?
4. Quand le/grondez-vous ?

7 Répétez. Dites bien le /ə/ final *(voir p. 18)*.

/g/ /k/
1. Garde courage !
2. Garde confiance !
3. Garde ton calme !

8 A : J'ai commandé des gâteaux.   B : Combien de gâteaux ?
À vous ! Dites bien l'intonation interrogative n° 2.2 *(voir p. 20)*.

1. A : J'ai commandé des gâteaux.   B : _____
2. A : J'ai commandé des galettes.   B : _____
3. A : J'ai commandé des grogs.   B : _____
4. A : J'ai commandé des gourmandises.   B : _____
5. A : J'ai commandé des groseilles.   B : _____
6. A : J'ai commandé des glaces.   B : _____

9 A : Tu connais ce concertiste ?   B : Et comment* ! Quel grand concertiste !
À vous ! Dites bien l'intonation n° 4, puis l'intonation exclamative n° 3 *(voir p. 20)*.

1. A : Tu connais ce concertiste ?   B : _____
2. A : Tu connais ce compositeur ?   B : _____
3. A : Tu connais ce collectionneur ?   B : _____
4. A : Tu connais ce comédien ?   B : _____

10 A : La grêle peut causer des accidents.   B : C'est pour ça que je crains la grêle.
À vous ! Dites bien les deux groupes rythmiques *(voir p. 13)*.

1. A : La grêle peut causer des accidents.   B : _____
2. A : Comme la glace !   B : _____
3. A : Comme le gravier !   B : _____
4. A : Comme le gaz !   B : _____

LECTURE

Je me souviens que j'étais fier de connaître beaucoup de mots dérivés de *caput* : capitaine, capot, chef, cheptel, caboche, capitale, capitole, chapitre, caporal, etc.

Georges Perec (1936-1982), *Je me souviens.*

COU-GOÛT /k/-/g/

EXERCICES

★★★

11 Répétez. Dites bien les consonnes géminées (voir p. 19).

/ k k / 1. On en fabrique/quand même. / g g / 3. Il ne dialogue/guère.
2. On en convoque/quand même. 4. Il ne délègue/guère.

12 Répétez. Dites bien les consonnes géminées avec assimilation (voir p. 19).

/ g k / 1. Il blague/quelquefois. / k g / 3. Ils les applique/grâce à vous.
2. Il se drogue/quelquefois. 4. Il les remarque/grâce à vous.

13 A : Aïe ! J'ai des crampes. B : J'ai un truc* qui guérit les crampes.

À vous ! Dites bien les consonnes géminées (voir p. 19).

1. A : Aïe ! J'ai des crampes. B : _____
2. A : J'ai des courbatures. B : _____
3. A : J'ai des contractures. B : _____

14 A : Continuez ! B : Continuer malgré les critiques ?

À vous ! Dites bien les deux groupes rythmiques (voir p. 13).

1. A : Continuez ! B : _____
2. A : Confirmez ! B : _____
3. A : Complétez ! B : _____
4. A : Commencez ! B : _____
5. A : Commercialisez ! B : _____

15 A : Combien de grammes ? B : Cinq grammes, comme d'habitude.

⚠ Prononciation de « cinq » : devant un mot qui commence par une consonne, on peut entendre le « q » final.

À vous ! Dites bien les consonnes géminées avec assimilation (voir p. 19).

1. A : Combien de grammes ? B : _____
2. A : Combien de grains ? B : _____
3. A : Combien de granules ? B : _____
4. A : Combien de graines ? B : _____

LECTURE

La vie débloque* à tout' berzingue*
Dans mon époque je deviens dingue*.

Jean Ferrat (1930-), *Dingue*.

Cette chanson utilise des mots et expressions d'origine argotique passés dans le style familier (voir p. 131).
De plus, l'écriture « tout' » pour « toute » évoque la langue orale.

ÉCRITURE

Trouvez le héros de l'œuvre de Rabelais (1483-1553) : G — — g — — — — — .
G — — — — g — — — — — — était son père,
G — — g — — — — — — était sa mère.

cent vingt-sept • 127

26 TAPE-TÂTE-TAC
(la prononciation des consonnes occlusives finales)

Nathanël, à présent, je**tte** mon livre. Émanci**pe**-t-en.
Qui**tte**-moi. Qui**tte**-moi [...]
André Gide (1869-1951), Les Nourritures terrestres.

Don**c** sto**p**, tel est mon vo**te** sans équivo**que**,
Ça te cho**que**, je m'en mo**que**,
la vie n'est pas un ja**ck**po**t**.
MC Solaar, La devise (chanson rap).

♪ En position finale, les consonnes occlusives (momentanées) doivent être prononcées **intégralement** : avec une légère explosion finale due à la détente des deux lèvres pour / **p** / et / **b** / (voir p. 116), de la pointe de la langue pour / **t** / et / **d** / (voir p. 120) et du dos de la langue pour / **k** / et / **g** / (voir p. 124).

✎ La plupart du temps, on n'entend pas les consonnes en position finale. On les entend si elles sont suivies d'un « e » graphique (non prononcé) :

/ **p** / / **b** /	/ **t** / / **d** /	/ **k** / / **g** /
ils s'interrom**pent**	ils comba**ttent**	ils vain**quent**
une ro**be**	elle est bavar**de**	c'est une ba**gue**

⚠ Les consonnes occlusives à la fin de certains monosyllabes doivent être prononcées :

/ **p** / / **b** /	/ **t** / / **d** /	/ **k** / / **g** /
un ce**p** de vigne	du champagne bru**t**	un climat se**c**
un sno**b**	au Su**d**	un bon gro**g**

Remarques :

1) le féminin d'un certain nombre de noms et d'adjectifs se forme oralement par la prononciation d'une consonne finale. Cette marque orale s'écrit « e ».

2) la 3e personne du pluriel et le subjonctif présent d'un certain nombre de verbes du troisième groupe se forment par la prononciation d'une consonne finale. Cette marque orale s'écrit « e » suivi éventuellement de la marque de la personne.

TAPE-TÂTE-TAC - occlusives finales

EXERCICES

1 Répétez : masculin - féminin. Dites bien le / t / final du féminin.

/ t /
1. Le débutant. - La débutante.
2. Le président. - La présidente.
3. Il est haut. - Elle est haute.
4. Il est petit. - Elle est petite.

2 Répétez : singulier - pluriel. Dites bien le / d / sonore final du pluriel.

/ d /
1. Elle descend. - Elles descendent.
2. Elle vend. - Elles vendent.
3. Elle correspond. - Elles correspondent.
4. Elle confond. - Elles confondent.

3 A : Il me faut trente francs. Tu les as ?   B : Trente ? Tout juste.

À vous ! Dites bien l'intonation interrogative n° 2.1 puis assertive n° 1 *(voir p. 20)*.

1. A : Il me faut trente francs. Tu les as ?   B : _____
2. A : Quarante francs. Tu les as ?   B : _____
3. A : Cinquante francs. Tu les as ?   B : _____
4. A : Soixante francs. Tu les as ?   B : _____

4 A : Cette histoire est un peu sotte...   B : Elle est bien trop sotte !

À vous ! Dites bien l'intonation exclamative n° 3 *(voir p. 20)*.

1. A : Elle est un peu sotte...   B : _____
2. A : Elle est un peu courte...   B : _____
3. A : Elle est un peu bête...   B : _____
4. A : Elle est un peu idiote...   B : _____

5 A : Je me trouve trop petite.   B : Toi, trop petite ? Quelle blague !

À vous ! Dites bien les trois groupes rythmiques *(voir p. 13)*.

1. A : Je me trouve trop petite.   B : _____
2. A : Je me trouve trop grande.   B : _____
3. A : Je me trouve trop laide.   B : _____
4. A : Je me trouve trop blonde.   B : _____
5. A : Je me trouve trop lente.   B : _____

ÉCRITURE

Trouvez l'adjectif d'où sont issus les adverbes suivants.

Exemple : pratiquement : pratique

classiquement : _____   scientifiquement : _____   politiquement : _____

automatiquement : _____   magnifiquement : _____   historiquement : _____

tragiquement : _____   comiquement : _____   physiquement : _____

TAPE-TÂTE-TAC - occlusives finales

EXERCICES

6 Répétez : indicatif - subjonctif. Dites bien la consonne finale du subjonctif.

1. Il sort - Il faut qu'il sorte.
2. Il perd. - Il faut qu'il perde.
3. Il rompt. - Il faut qu'il rompe.
4. Il convainc. - Il faut qu'il convainque.

7 Répétez. Dites bien la consonne finale du féminin.

1. C'est dingue ce qu'elle est lourde !
2. C'est dingue ce qu'elle est longue !
3. C'est dingue ce qu'elle est pesante !
4. C'est dingue ce qu'elle est mal faite !

8 A : La météo dit qu'il va faire beau.   B : Faire beau ? Pourvu qu'elle se trompe !
À vous ! Dites bien le / ə / prononcé (voir p. 18).

1. A : La météo dit qu'il va faire beau.   B : _____
2. A : La météo dit qu'il va faire froid.   B : _____
3. A : La météo dit qu'il va geler.   B : _____
4. A : La météo dit qu'il va pleuvoir.   B : _____
5. A : La météo dit qu'il va neiger.   B : _____

9 A : Ta copine paraît vingt ans.   B : En fait*, elle en a vingt-cinq.
À vous ! Dites bien les deux groupes rythmiques (voir p. 13).

1. A : Ta copine paraît vingt ans.   B : _____
2. A : Elle paraît trente ans.   B : _____
3. A : Elle paraît quarante ans.   B : _____
4. A : Elle paraît cinquante ans.   B : _____

⚠ Prononciation de « fait » : le « t » est prononcé dans cette expression.
Prononciation de « vingt » : le « t » est prononcé dans les composés : « vingt-cinq ».
Prononciation de « cinq » : le « q » est prononcé en finale : « vingt-cinq ».

10 A : Je pense que ma mère descend.   B : Ah ? Je ne pense pas qu'elle descende.
À vous ! Dites bien le / d / final sonore du subjonctif.

1. A : Je pense que ma mère descend.   B : _____
2. A : Je pense qu'elle confond.   B : _____
3. A : Je pense qu'elle attend.   B : _____
4. A : Je pense qu'elle répond.   B : _____

* En style plus familier, le « ne » de la phrase négative n'est pas prononcé.

LECTURE

Gilberte révérait sa tante en bloc. En s'attablant, elle tira sa jupe sous son séant, joignit les genoux, rapprocha ses coudes de ses flancs en effaçant les omoplates et ressembla à une jeune fille.

Colette (1873-1954), *Gigi*.

TAPE-TÂTE-TAC - occlusives finales

EXERCICES

★★★

11 Répétez ces expressions.
1. Il tombe des cordes.
2. Il en tombe raide.
3. Il tombe sur un bec.
4. Il tombe en syncope.

12 Répétez. Dites bien les consonnes géminées *(voir p. 19)*.

/ d d / 1. Note le code de la porte : « 45-37 ».
2. Note le code de la porte : « 28-25 ».
3. Note le code de la porte : « 60-58 ».

⚠ Prononciation de « 28 » et de « 25 » : dans les composés de « vingt », le « t » est prononcé.

13 A : Où habite Marc ?   B : Marc ? Il habite dans les Alpes du Sud.

À vous ! Dites bien toutes les consonnes finales.

1. A : Où habite Marc ?   B : _____
2. A : Où habite Luc ?   B : _____
3. A : Où habite Claude ?   B : _____
4. A : Où habite Philippe ?   B : _____
5. A : Où habite Baptiste ?   B : _____
6. A : Où habite Hippolyte ?   B : _____

ÉCRITURE

On considère aujourd'hui qu'il existe de multiples formes d'argot. Ce sont des langages particuliers à une profession (argot des bouchers, des sportifs), à un groupe de personnes (argot des prisonniers, des lycéens, Français « branchés »), à un milieu fermé (argot des banlieues). Dans certains cas, des mots ou expressions d'origine argotique sont passés dans le style familier du français commun, par exemple :

  une « brique » : un million de centimes,
  « cradingue » : sale,
  un « pébroc » : un parapluie.

Connaissez-vous les mots d'origine argotique correspondant aux mots et expressions suivants ?

un agent de police : _____   l'argent : _____
des vêtements : _____   fou : _____
une cigarette : _____   l'homme : _____

LECTURE

La pluie, dans la cour où je la regarde tomber, descend à des allures très diverses. Au centre, c'est un fin rideau […] discontinu, une chute implacable mais relativement lente de gouttes […]. À peu de distance des murs de droite et de gauche tombent avec plus de bruit des gouttes plus lourdes, individuées.

Francis Ponge (1899-1988), *Pluie.*

cent trente et un • 131

V

LES CONSONNES CONSTRICTIVES

Les consonnes sont des sons produits par l'air qui rencontre dans la bouche un obstacle total ou partiel.

Les consonnes constrictives sont des sons produits par l'air qui rencontre un obstacle partiel.

Le lieu où se situe l'obstacle qui réduit le passage de l'air permet la classification des consonnes constrictives par leur point d'articulation : les lèvres contre les dents (consonnes labio-dentales), la langue au niveau des dents (consonnes dentales) ou le dos de la langue contre le palais dur (consonnes palatales).

Les **consonnes constrictives sourdes** (fortes) sont prononcées sans vibration des cordes vocales ; on n'entend que le passage de l'air et ces consonnes ne sont qu'un bruit.

Les **consonnes constrictives sonores** (douces) sont prononcées avec vibration des cordes vocales ; ces consonnes sont un son associé à un bruit.

	Consonnes sourdes		Consonnes sonores		
Point d'articulation	Symbole phonétique	Exemple	Symbole phonétique	Exemple	Leçon
labio-dental	/ f /	fou	/ v /	vous	p. 134
dental	/ s /	sous	/ z /	zou !	p. 138, p. 142 et p. 152
palatal	/ ʃ /	chou	/ ʒ /	joue	p. 144

ÉCOUTE ET DISCRIMINATION

p. 134 — /f/ - /v/   font - vont   fais - vais   frais - vrai   neuf - neuve

✎ **Retrouvez : cochez le mot que vous entendez dans les phrases.**

27
| 1. font ❑ | vont ❑ | 3. frais ❑ | vrai ❑ |
| 2. fais ❑ | vais ❑ | 4. neuf ❑ | neuve ❑ |

---

p. 138 — /s/ - /z/   Ils sont - Ils ont   poisson - poison   douce - douze   basse - base

✎ **Retrouvez : cochez le mot que vous entendez dans les phrases.**

28
| 1. Ils sont ❑ | Ils ont ❑ | 3. basse ❑ | base ❑ |
| 2. poisson ❑ | poison ❑ | 4. douce ❑ | douze ❑ |

---

p. 142 — /sj/ - /zj/   les cieux - les yeux   cassiez - casiez   laissions - lésions   les poussiez - l'épousiez

✎ **Retrouvez : cochez le mot que vous entendez dans les phrases.**

29
| 1. les cieux ❑ | les yeux ❑ | 3. laissions ❑ | lésions ❑ |
| 2. cassiez ❑ | casiez ❑ | 4. les poussiez ❑ | l'épousiez ❑ |

---

p. 144 — /ʃ/ - /ʒ/   chéri - j'ai ri   bouchez - bougez   léché - léger   marche - marge

✎ **Retrouvez : cochez le mot que vous entendez dans les phrases.**

30
| 1. chéri ❑ | j'ai ri ❑ | 3. léché ❑ | léger ❑ |
| 2. bouchez ❑ | bougez ❑ | 4. marche ❑ | marge ❑ |

---

p. 148 — /s/ - /ʃ/   ces - chez   soie - choix   casse - cache   lasse - lâche

✎ **Retrouvez : cochez le mot que vous entendez dans les phrases.**

31
| 1. c'est ❑ | chez ❑ | 3. casse ❑ | cache ❑ |
| 2. soie ❑ | choix ❑ | 4. lasse ❑ | lâche ❑ |

---

p. 150 — /z/ - /ʒ/   zone - jaune   les œufs - les jeux   zeste - geste   case - cage

✎ **Retrouvez : cochez le mot que vous entendez dans les phrases.**

32
| 1. zone ❑ | jaune ❑ | 3. zeste ❑ | geste ❑ |
| 2. les œufs ❑ | les jeux ❑ | 4. case ❑ | cage ❑ |

---

p. 154 — /b/ - /v/   bien - viens   bois - vois   bout - vous   cube - cuve

✎ **Retrouvez : cochez le mot que vous entendez dans les phrases.**

34
| 1. bien ❑ | viens ❑ | 3. bout ❑ | vous ❑ |
| 2. bois ❑ | vois ❑ | 4. cube ❑ | cuve ❑ |

27 ◆ FER-VER / f / - / v /

Sou**v**ent **f**emme **v**arie,
bien **f**ol qui s'y **f**ie.
Attribué à François Ier (1494-1547).

L'e**ff**roi devant l'a**v**enir
se gre**ff**e toujours sur le désir
d'éprou**v**er cet e**ff**roi.
Emil Michel Cioran (1911-1995), *De l'inconvénient d'être né*.

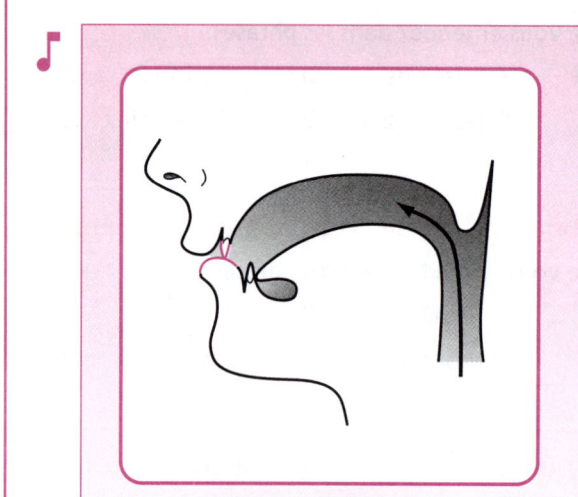

| / f / | - pas de vibration des cordes vocales
- consonne continue : on entend l'air passer entre la lèvre inférieure et les dents supérieures | / v / | - vibration des cordes vocales
- consonne continue : on entend l'air passer entre la lèvre inférieure et les dents supérieures |

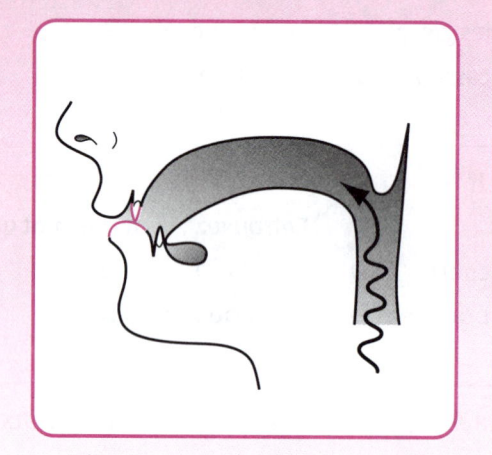

Vous pouvez étudier la prononciation du / v / p. 154 (**boire - voir**).

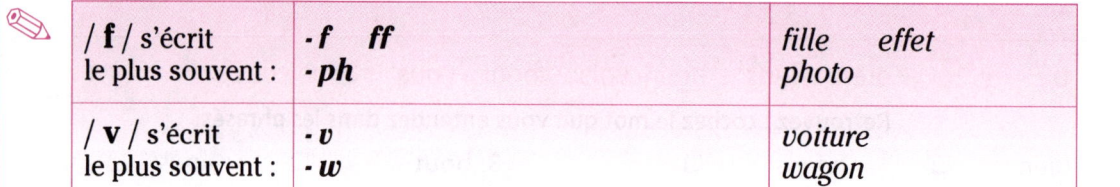

/ f / s'écrit le plus souvent :	*- f ff* *- ph*	*fille effet* *photo*
/ v / s'écrit le plus souvent :	*- v* *- w*	*voiture* *wagon*

FER-VER /f/-/v/

EXERCICES

1 Répétez.

/f/ /v/
1. Fais voir !
2. Fais vite voir !
3. Fais vérifier !
4. Fais vite vérifier !

2 Répétez.

/v/ /f/
1. Vous êtes fou.
2. Vous êtes fort.
3. Vous êtes faible.
4. Vous êtes ferme.

3 A : J'attends François.   B : Voilà François !
À vous ! Dites bien l'intonation exclamative n° 3 *(voir p. 20)*.

1. A : J'attends François.   B : _____
2. A : J'attends Francis.   B : _____
3. A : J'attends Frédéric.   B : _____
4. A : J'attends Florence.   B : _____

4 A : *Tu fermes ?*   B : *Je vais fermer.*
À vous ! Dites bien un seul groupe rythmique *(voir p. 13)*.

1. A : Tu fermes ?   B : _____
2. A : Tu frappes ?   B : _____
3. A : Tu frottes ?   B : _____
4. A : Tu forces ?   B : _____
5. A : Tu fouilles ?   B : _____
6. A : Tu fonces* ?   B : _____

5 A : *On se voit en janvier ?*   B : *Rendez-vous vendredi neuf janvier.*
À vous ! Dites bien l'intonation assertive n° 1 *(voir p. 20)*.

1. A : On se voit en janvier ?   B : _____
2. A : On se voit en novembre ?   B : _____
3. A : On se voit en février ?   B : _____
4. A : On se voit en avril ?   B : _____

LECTURE

Ah ! m'y voilà donc enfin au feu ! se dit-il. J'ai vu le feu ! se répétait-il avec satisfaction. Me voici un vrai militaire.

Stendhal (1783-1842), *La Chartreuse de Parme.*

Dans ce contexte littéraire, « feu » désigne la guerre ; ici, la bataille de Waterloo (1815).

cent trente-cinq • 135

FER-VER / f / - / v /

EXERCICES

6 Répétez : masculin - féminin. Dites bien la consonne sonore finale du féminin.

/ **f** / - / **v** /
1. Ils doivent être actifs. - Elles doivent être actives.
2. Ils peuvent être objectifs. - Elles peuvent être objectives.
3. Ils savent être imaginatifs. - Elles savent être imaginatives.

7 Répétez. Dites bien l'enchaînement consonantique *(voir p. 15)*.

⚠ Prononciation de « neuf » : devant « heures » et « ans », le « f » est prononcé / v /.

/ **f** /
1. Voilà neuf enfants.
2. Voilà neuf invités.

/ **v** /
3. Vers neuf heures.
4. Vers neuf ans.

8 A : Ton copain n'écrit pas ?   B : Il faudrait qu'il écrive...

À vous ! Dites bien la consonne sonore finale du subjonctif.

1. A : Ton copain n'écrit pas ?   B : _____
2. A : Il ne s'inscrit pas ?   B : _____
3. A : Il ne poursuit pas ?   B : _____
4. A : Il ne reçoit pas ?   B : _____

9 A : Vous auriez vingt francs ?   B : Vingt francs, ça vous suffit ?

À vous ! Dites bien l'intonation n° 4 puis interrogative n° 2.1 *(voir p. 20)*.

1. A : Vous auriez vingt francs ?   B : _____
2. A : Vous auriez vingt-neuf francs ?   B : _____
3. A : Vous auriez quatre-vingts francs ?   B : _____
4. A : Vous auriez quatre-vingt-neuf francs ?   B : _____

⚠ Prononciation de « vingt ». Devant une consonne le « t » n'est pas prononcé : « vingt francs ». Il est prononcé dans les composés de « vingt » : « vingt-cinq », mais pas dans ceux de « quatre-vingt » : « quatre-vingt-neuf francs ».

10 A : Je fais du volley.   B : Veinard* ! J'en ferais volontiers, du volley.

À vous ! Faites bien la chute du / ə / *(voir p. 18)*.

1. A : Je fais du volley.   B : _____
2. A : Je fais du vélo.   B : _____
3. A : Je fais du VTT[a].   B : _____
4. A : Je fais du vol à voile.   B : _____
5. A : Je fais de la voile.   B : _____

LECTURE

La vie	Sans amour	L'avez
Ne vaut	Mais c'est	Voulu
D'être vécue	Vous qui	Mon amour.

Serge Gainsbourg (1928-1991), *La Javanaise* (chanson).

136 • cent trente-six

FER-VER /f/-/v/

EXERCICES

★★★

11 Répétez. Dites bien les consonnes géminées sans et avec assimilation *(voir p. 19)*.

/v/ /v/ /ff/ 1. Voilà vos neuf francs !   /v/ /v/ /fv/ 3. Voilà vos neuf violettes !
              2. Voilà vos neuf fleurs !   4. Voilà vos neuf violons !

12 Répétez. Dites bien les enchaînements consonantiques *(voir p. 15)*.

⚠ Prononciation de « neuf » devant « heures », le « f » est prononcé /v/.

1. On livre à neuf heures.
2. On ouvre à neuf heures.
3. On manœuvre à neuf heures.

13 A : Je vous présente mon frère ?   B : Je voudrais voir enfin votre frère.

À vous ! Dites bien le /ə/ prononcé *(voir p. 18)*.

1. A : Je vous présente mon frère ?   B : _____
2. A : Je vous présente mon fils ?   B : _____
3. A : Je vous présente mon filleul ?   B : _____
4. A : Je vous présente ma famille ?   B : _____

* En style plus familier, on peut entendre : « vot' frère » *(voir p. 21)*.

14 A : Je suis très frileux.   B : Vous, vous ne faites pas vraiment frileux !

À vous ! Dites bien les deux groupes rythmiques *(voir p. 13)*.

1. A : Je suis très frileux.   B : _____
2. A : Je suis très fragile.   B : _____
3. A : Je suis très franc.   B : _____
4. A : Je suis très froussard*.   B : _____

* En style plus familier, le « ne » de la phrase négative n'est pas prononcé.

15 A : Tu te déguises en avocat ?   B : Ma foi, je me verrais bien en avocat !

À vous ! Dites bien l'enchaînement vocalique *(liaison impossible n° 2, voir p. 17)* et la liaison obligatoire n° 3 *(voir p. 16)*.

1. A : Tu te déguises en avocat ?   B : _____
2. A : Tu te déguises en évêque ?   B : _____
3. A : Tu te déguises en vétérinaire ? B : _____
4. A : Tu te déguises en vieillard ?   B : _____
5. A : Tu te déguises en voyou ?   B : _____

LECTURE

Près des rives miraculeuses
puisque vous rêvez rêveuse
sur les rives de la vie.

Philippe Soupault (1897-1990).

cent trente-sept • 137

28 ♦ POISSON-POISON /s/ - /z/

> […] Bienheureu**s**e vieille**ss**e,
> La **s**ai**s**on de l'u**s**age et non plus des labeurs.
> Agrippa d'Aubigné (1552-1630).

> Nous lé**z**ards aimons les Mu**s**es
> Elles Mu**s**es aiment le**s** Arts
> Avec le**s** Arts on **s**'amuse
> On muse avec les lé**z**ards.
> Raymond Queneau (1903-1976).

♪

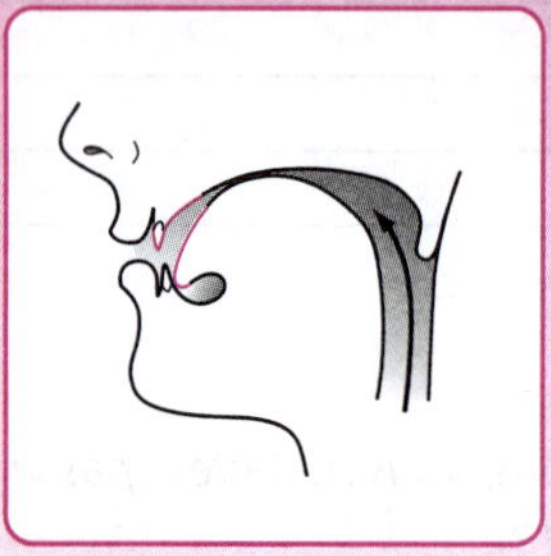 /s/	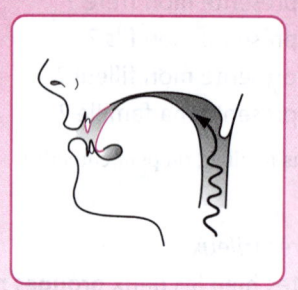 /z/
- pas de vibration des cordes vocales - consonne continue : on entend l'air passer entre l'avant de la langue et les dents supérieures	- vibration des cordes vocales - consonne continue : on entend l'air passer entre l'avant de la langue et les dents supérieures

Vous pouvez étudier la prononciation du /s/ p. 142 (**les cieux - les yeux**), p. 148 (**soie - choix**) et p. 152 (**excellent - examen**).
Vous pouvez étudier la prononciation du /z/ p. 142 (**les cieux - les yeux**), p. 150 (**les œufs - les jeux**) et p. 152 (**excellent - examen**).

✎
/s/ s'écrit le plus souvent :	- **s** sauf entre deux voyelles graphiques - **ss sc** - **ce ci cy** - **ça ço çu** - **ti** + voyelle, sauf dans les imparfaits - Cas particuliers : **x**	savoir pense poisson descendre cela cinéma cycle ça garçon reçu nation patient dix soixante
/z/ s'écrit le plus souvent :	- **s** entre deux voyelles graphiques - **z** - **s** en liaison **x** en liaison	poison douze tes enfants deux amis

POISSON-POISON /s/ - /z/

EXERCICES

1 Répétez. Dites bien la consonne finale sonore.

/ s / / z /
1. Ils sont douze.
2. Ils sont treize.
3. Ils sont quatorze.
4. Ils sont quinze.

2 Répétez : verbe « avoir » - verbe « être ». Dites bien la liaison obligatoire n° 4 *(voir p. 16)*.

/ z õ / - / s õ /
1. Ils ont un piano. - Ils sont pianistes.
2. Ils ont un violon. - Ils sont violonistes.
3. Ils ont une trompette. - Ils sont trompettistes.
4. Ils ont une flûte. - Ils sont flûtistes.

3 A : Tu viendras le douze ?   B : C'est possible le douze.

À vous ! Dites bien les deux groupes rythmiques *(voir p. 13)*.

1. A : Tu viendras le douze ?   B : _____
2. A : Tu partiras le treize ?   B : _____
3. A : Tu arriveras le quatorze ?   B : _____
4. A : Tu sortiras le quinze ?   B : _____
5. A : Tu rentreras le seize ?   B : _____

4 A : C'était intéressant ?   B : C'était très intéressant.

À vous ! Dites bien le / z / de la liaison obligatoire n° 3 *(voir p. 16)*.

1. A : C'était intéressant ?   B : _____
2. A : C'était embarrassant ?   B : _____
3. A : C'était impressionnant ?   B : _____
4. A : C'était éblouissant ?   B : _____

5 A : Je suis sportif.   B : Ça alors, vous êtes sportif ?

À vous ! Dites bien le / z / de la liaison obligatoire n° 4 *(voir p. 16)* et le **nombre de syllabes** *(voir p. 12)*.

1. A : Je suis sportif.   B : _____
2. A : Je suis stagiaire.   B : _____
3. A : Je suis skieur.   B : _____
4. A : Je suis slalomeur.   B : _____
5. A : Je suis stressé.   B : _____

LECTURE   C'est un peu, dans chacun de ces hommes, Mozart assassiné.

Antoine de Saint-Exupéry (1900-1944),
Vol de nuit.

POISSON-POISON /s/ - /z/

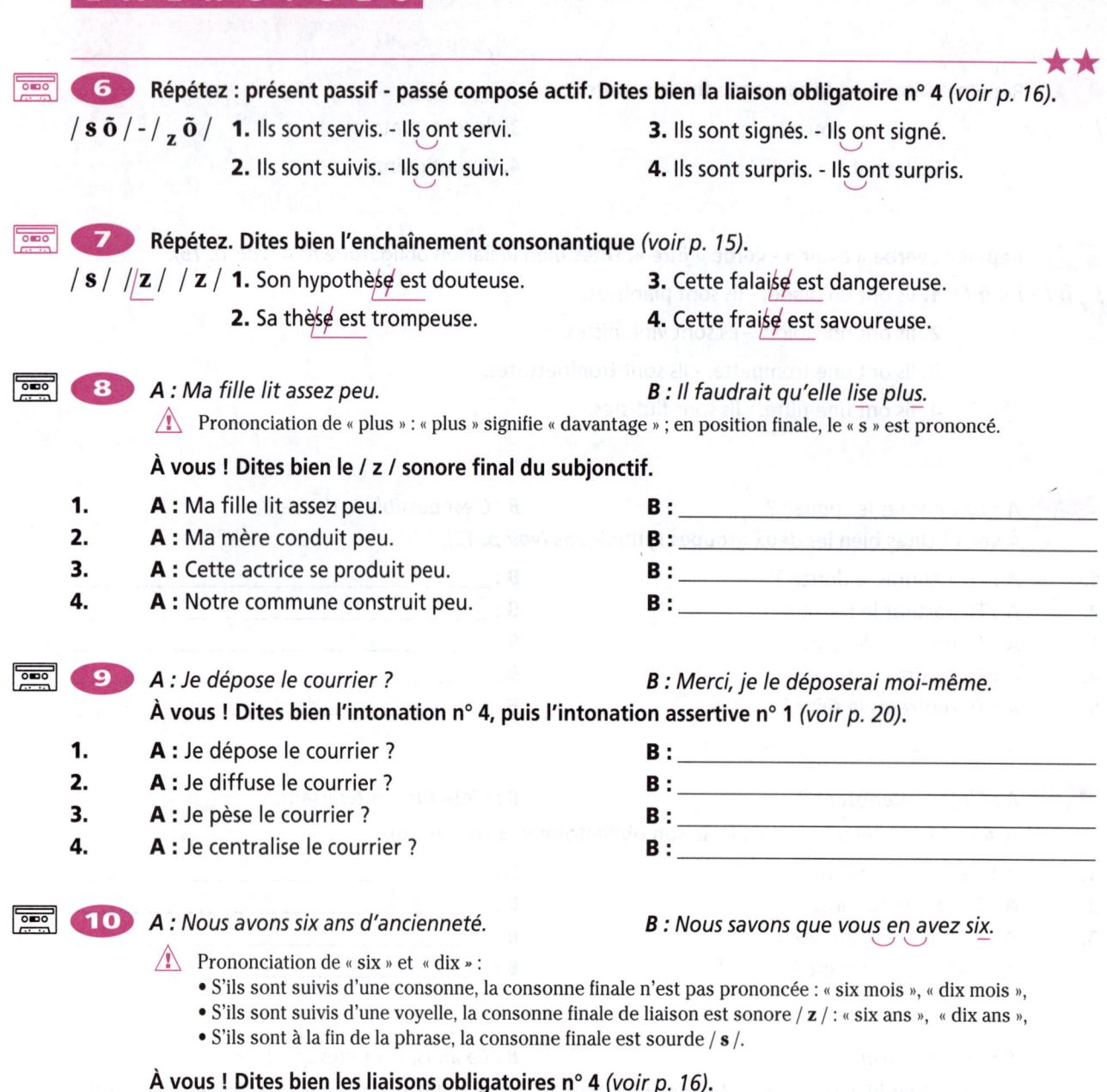

EXERCICES

6 Répétez : présent passif - passé composé actif. Dites bien la liaison obligatoire n° 4 *(voir p. 16)*.

/ s õ / - / z õ /
1. Ils sont servis. - Ils ont servi.
2. Ils sont suivis. - Ils ont suivi.
3. Ils sont signés. - Ils ont signé.
4. Ils sont surpris. - Ils ont surpris.

7 Répétez. Dites bien l'enchaînement consonantique *(voir p. 15)*.

/ s / / z / / z /
1. Son hypothèse est douteuse.
2. Sa thèse est trompeuse.
3. Cette falaise est dangereuse.
4. Cette fraise est savoureuse.

8 A : Ma fille lit assez peu.   B : Il faudrait qu'elle lise plus.

⚠ Prononciation de « plus » : « plus » signifie « davantage » ; en position finale, le « s » est prononcé.

À vous ! Dites bien le / z / sonore final du subjonctif.

1. A : Ma fille lit assez peu.   B : _____
2. A : Ma mère conduit peu.   B : _____
3. A : Cette actrice se produit peu.   B : _____
4. A : Notre commune construit peu.   B : _____

9 A : Je dépose le courrier ?   B : Merci, je le déposerai moi-même.

À vous ! Dites bien l'intonation n° 4, puis l'intonation assertive n° 1 *(voir p. 20)*.

1. A : Je dépose le courrier ?   B : _____
2. A : Je diffuse le courrier ?   B : _____
3. A : Je pèse le courrier ?   B : _____
4. A : Je centralise le courrier ?   B : _____

10 A : *Nous avons six ans d'ancienneté.*   B : *Nous savons que vous en avez six.*

⚠ Prononciation de « six » et « dix » :
- S'ils sont suivis d'une consonne, la consonne finale n'est pas prononcée : « six mois », « dix mois »,
- S'ils sont suivis d'une voyelle, la consonne finale de liaison est sonore / z / : « six ans », « dix ans »,
- S'ils sont à la fin de la phrase, la consonne finale est sourde / s /.

À vous ! Dites bien les liaisons obligatoires n° 4 *(voir p. 16)*.

1. A : Nous avons six ans d'ancienneté.   B : _____
2. A : Nous avons dix ans d'ancienneté.   B : _____

ÉCRITURE

Créez des allitérations en / s / et / z / sur le modèle des poètes.

Pour qui sont ces serpents qui sifflent sur vos têtes.   Jean Racine (1639-1699), *Andromaque.*
Les sons aigus des scies et les cris des ciseaux.   Paul Valéry (1871-1945).

POISSON-POISON /s/-/z/

EXERCICES

★★★

11 Répétez : forme pronominale - forme active. Dites bien la liaison obligatoire n° 4 *(voir p. 16)*.

/s/-/z/
1. Ils s'aident. - Ils aident.
2. Ils s'informent. - Ils informent.
3. Ils s'avancent. - Ils avancent.
4. Ils s'observent. - Ils observent.

12 Répétez. Dites bien les consonnes géminées sans puis avec assimilation *(voir p. 19)* et la liaison obligatoire n° 2 *(voir p. 16)*.

/ss/
1. Une grosse salade.
2. Une fausse sortie.

/zz/
3. Les mauvaises herbes.
4. De nombreuses idées.

/zs/
5. Une base solide.
6. Une chose stupide.

/sz/
7. Les basses œuvres.
8. De grosses erreurs.

13 A : Je suis sous-équipé...   B : On est tous sous-équipés !

⚠ « tous... » est un pronom, le « s » final est prononcé.

À vous ! Dites bien les consonnes géminées *(voir p. 19)* et la liaison obligatoire n° 1 *(voir p. 16)*.

1. A : Je suis sous-équipé...   B : _____
2. A : Je suis sous-informé...   B : _____
3. A : Je suis sous-employé...   B : _____
4. A : Je suis sous-estimé...   B : _____

14 A : Vous vous séparez ?   B : C'est ça, on se sépare...

À vous ! Faites bien la chute du /ə/ et dites bien les consonnes géminées *(voir p. 18 et 19)*.

1. A : Vous vous séparez ?   B : _____
2. A : Vous vous surveillez ?   B : _____
3. A : Vous vous supportez ?   B : _____
4. A : Vous vous sacrifiez ?   B : _____

15 A : Chardin est né en 1700 ?   B : Je suppose... Aux alentours de 1700.

À vous ! Dites bien les consonnes géminées sans et avec assimilation dans les dates *(voir p. 19)*.

1. A : Chardin est né en 1700 ?   B : _____
2. A : Poussin est né en 1600 ?   B : _____
3. A : Watteau est né en 1700 ?   B : _____
4. A : Clouet est né en 1500 ?   B : _____

Peintres : Jean-Baptiste Chardin (1699-1779), Nicolas Poussin (1594-1665), Antoine Watteau (1684-1721), Jean Clouet (1485-1541).

LECTURE

Quand le ciel bas et lourd pèse comme un couvercle
Sur l'esprit gémissant en proie aux longs ennuis,
Et que de l'horizon embrassant tout le cercle
Il nous verse un jour noir plus triste que les nuits [...]

Charles Baudelaire (1821-1867), *Spleen, Les Fleurs du Mal.*

cent quarante et un • 141

29 LES CIEUX-LES YEUX
/ sj / - / zj /

J'aimais surtout ses joli**s y**eux,
Plus clairs que l'étoile des **ci**eux.

Paul Verlaine (1844-1896), Streets I, Romances sans paroles.

Mon**si**eur Mon**si**eur Mon**si**eur
au-dessus de nos têtes
quels sont ce**s y**eux nombreux
qui dans la nuit regardent ?

Jean Tardieu (1903-1995), Monsieur ! Monsieur !, Choix de poèmes.

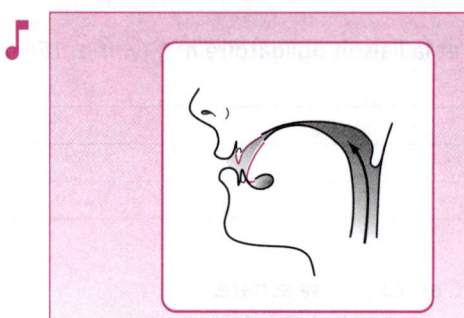

/ sj / - pas de vibration des cordes vocales	/ zj / - vibration des cordes vocales

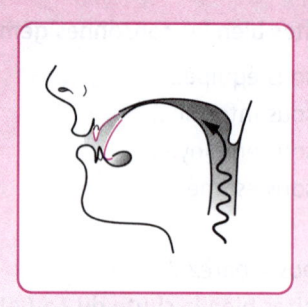

- deux sons : une consonne continue (p. 138) + une semi-consonne / **j** / (p. 184)
- on entend l'air passer entre l'avant de la langue et les dents supérieures

Vous pouvez étudier la prononciation du / **s** / p. 138 (**poisson - poison**) et p. 148 (**soie - choix**).
Vous pouvez étudier la prononciation du / **z** / p. 138 (**poisson - poison**) et p. 150 (**les œufs - les jeux**).
Vous pouvez étudier la prononciation du / **j** / p. 184 (**bas - bail**).

/ **sj** / s'écrit le plus souvent :	- **si** sauf entre deux voyelles graphiques - **ssi** **sci** - **ci** **cy** - **ti** + voyelle, sauf dans les imparfaits	*sien pensiez* *passion science* *lanciez alcyon* *nation patient*
/ **zj** / s'écrit le plus souvent :	- **si** entre deux voyelles graphiques - **zi** - **s** en liaison + **i** ou **y** - **x** en liaison + **i** ou **y**	*posiez* *douzième* *les iambes deux yeux*

LES CIEUX-LES YEUX / sj / - / zj /

EXERCICES

★

1 Répétez. Dites bien la liaison obligatoire n° 2 *(voir p. 16)*.

/ sj / / ᵤj / 1. Monsieur, ses yeux sont verts... 3. Monsieur, ses yeux sont noirs...
2. Monsieur, ses yeux sont bleus... 4. Monsieur, ses yeux sont gris...

2 A : Ils arrivent ?   B : Patience, ils arrivent !
À vous ! Dites bien les deux groupes rythmiques *(voir p. 13)*.

1. A : Ils arrivent ?   B : _____
2. A : Ils ouvrent ?   B : _____
3. A : Ils allument ?   B : _____
4. A : Ils éteignent ? B : _____

★★

3 Répétez. Dites bien la liaison obligatoire n° 4 *(voir p. 16)*.

/ ᵤi / / sj / 1. Vous y paraissiez.   3. Vous vous y poussiez.
2. Vous y traversiez.   4. Vous vous y pressiez.

4 A : Tes voisins aiment les fraises ?   B : Ils ont planté plein de* fraisiers.
À vous ! Faites bien la chute du / ə / *(voir p. 18)*.

1. A : Tes voisins aiment les fraises ?   B : _____
2. A : Ils aiment les framboises ?   B : _____
3. A : Ils aiment les arbouses ?   B : _____
4. A : Ils aiment les roses ?   B : _____

★★★

5 Répétez. Dites bien le / z / de la liaison obligatoire n° 4 *(voir p. 16)* et l'enchaînement vocalique *(voir p. 14)*.

1. Je ne pense pas que vous vous y amusiez.
2. Je ne pense pas que vous vous y opposiez.
3. Je ne pense pas que vous vous y imposiez.
4. Je ne pense pas que vous vous y instruisiez.

LECTURE   Si droite est ma vision, si pure ma sensation, si maladivement complète ma connaissance, et si déliée, si nette ma représentation, et ma science si achevée que je me pénètre depuis l'extrémité du monde jusqu'à ma parole silencieuse.

Paul Valéry (1871-1945), *L'Homme de verre, Cahiers.*

30 CHOU-JOUE /ʃ/ - /ʒ/

Quand **j**'étais **j**eune, **j**e me croyais immortel.
J'ai **ch**angé d'avis.

        Georges Perros (1923-1978), *Papiers collés* I.

Il son**g**e en son **j**ardin d'ar**g**ent l'Amant lunaire,
L'étran**g**e Amant qu'un **j**et nei**g**eux de lune effleure ;
Et la nuit est de **g**ivre et semble ima**g**inaire.

        Nicolas Beauduin (1880-1960), *Endymion*.

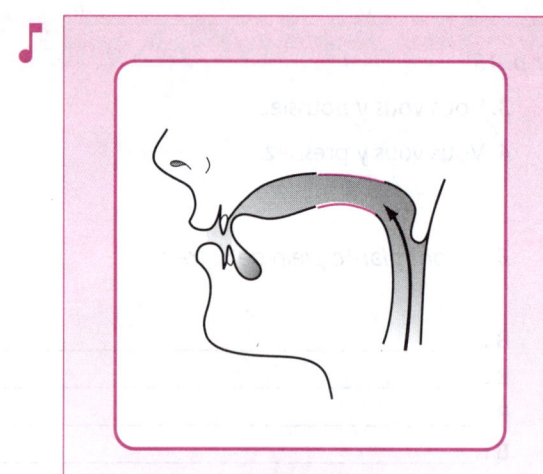

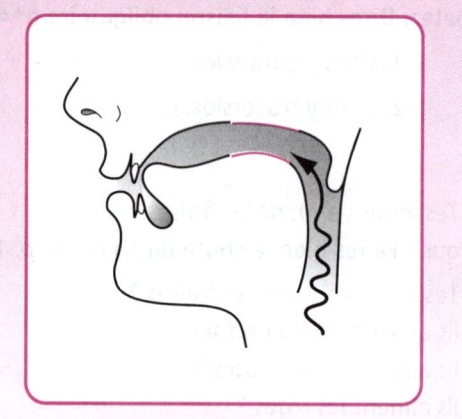

/ʃ/ - pas de vibration
    des cordes vocales
  - consonne continue :
    on entend l'air passer entre
    le dos de la langue et le palais
  - les lèvres sont vers l'avant

/ʒ/ - vibration
    des cordes vocales
  - consonne continue :
    on entend l'air passer entre
    le dos de la langue et le palais
  - les lèvres sont vers l'avant

Vous pouvez étudier la prononciation du /ʃ/ p. 148 (**soie - choix**).
Vous pouvez étudier la prononciation du /ʒ/ p. 150 (**les œufs - les jeux**).

/ʃ/ s'écrit le plus souvent :	-**ch** **sch** - Cas particulier : **sh**	*chien schéma shampoing*
/ʒ/ s'écrit le plus souvent :	-**j** -**ge** + a **ge** + o **ge** + u -**g** + e **g** + i	*je mangeait Georges gageure genou girafe*

CHOU-JOUE / ʃ / - / ʒ /

EXERCICES

1 Répétez.

/ ʃ / / ʒ /
1. Chez Jean-Claude.
2. Chez Jean-Pierre.
3. Chez Jean-Paul.
4. Chez Jean-Jacques.

2 Répétez. Dites bien la consonne initiale sonore / ʒ /.

/ ʒ / / ʃ /
1. Je chante.
2. Je cherche.
3. Je chauffe.
4. Je chute.

3 A : Tu as réussi ! B : Chouette* ! J'ai réussi...

À vous ! Dites bien les deux groupes rythmiques *(voir p. 13)*.

1. A : Tu as réussi ! B : _____
2. A : Tu as gagné ! B : _____
3. A : Tu as progressé ! B : _____
4. A : Tu as avancé ! B : _____

4 A : Tu bois du champagne ? B : Jamais de champagne !

À vous ! Faites bien la chute du / ə / *(voir p. 18)*.

1. A : Tu bois du champagne ? B : _____
2. A : Tu ramasses des champignons ? B : _____
3. A : Tu prends du chocolat ? B : _____
4. A : Tu fais de la chantilly ? B : _____
5. A : Tu manges du chou ? B : _____

5 A : Vous regardez quelque chose ? B : Je regarde juste une page.

À vous ! Dites bien l'enchaînement consonantique *(voir p. 15)*.

1. A : Vous regardez quelque chose ? B : _____
2. A : Vous consultez quelque chose ? B : _____
3. A : Vous copiez quelque chose ? B : _____
4. A : Vous photocopiez quelque chose ? B : _____
5. A : Vous étudiez quelque chose ? B : _____

LECTURE

Je ne cherche pas, je trouve.

Pablo Picasso (1881-1973).

cent quarante-cinq • 145

CHOU-JOUE /ʃ/-/ʒ/

EXERCICES

6 Répétez.

/ʃ/ /ʒ/ /ʒ/
1. Chaque jour de janvier.
2. Chaque jour de juin.
3. Chaque jeudi de janvier.
4. Chaque jeudi de juin.

7 Répétez. Dites bien l'enchaînement consonantique *(voir p. 15)*.

/ʒ/ /ʃ/
1. Il range un chapeau.
2. Il range un chandail.
3. Il range un châle.
4. Il range un chiffon.

8 A : Je loue des chambres.　　B : Justement, je cherche une chambre.

À vous ! Dites bien l'enchaînement consonantique *(voir p. 15)*.

1. A : Je loue des chambres.　　　B : _____
2. A : J'écris des chansons.　　　　B : _____
3. A : Je vends des chaînes.　　　 B : _____
4. A : J'apporte des chaises.　　　 B : _____

9 A : Ce jour ne me convient pas.　　B : Dommage ! Changeons de jour !

À vous ! Faites bien la chute du /ə/ *(voir p. 18)*.

1. A : Ce jour ne me convient pas.　　B : _____
2. A : Ce jeu ne me convient pas.　　 B : _____
3. A : Ce journal ne me convient pas.　B : _____
4. A : Ce jouet ne me convient pas.　　B : _____

10 A : Vous vous êtes rencontrés à Genève ?　　B : Oui, un dimanche à Genève.

À vous ! Dites bien l'enchaînement consonantique *(voir p. 15)*.

1. A : Vous vous êtes rencontrés à Genève ?　　B : _____
2. A : Vous vous êtes retrouvés à Jérusalem ?　 B : _____
3. A : Vous vous êtes reconnus en Géorgie ?　　B : _____
4. A : Vous vous êtes revus au Japon ?　　　　　B : _____
5. A : Vous vous êtes séparés en Jordanie ?　　B : _____

ÉCRITURE

Trouvez le nom en « -chage » formé sur les verbes suivants.

Exemple : éplucher : épluchage

éplucher : _____　coucher : _____　sécher : _____
accrocher : _____　arracher : _____　reboucher : _____
afficher : _____　repêcher* : _____　rabâcher : _____

CHOU-JOUE /ʃ/ - /ʒ/

EXERCICES

★★★

11 Répétez. Dites bien la séquence de /ə/ et l'assimilation *(voir p. 18 et 19)*.

/ʒ/ /ʒt/
1. Je crois ce que je te dis.
2. Je vois ce que je te décris.
3. Je sais ce que je te propose.
4. Je fais ce que je te conseille.

12 Répétez. Dites bien les consonnes géminées sans puis avec assimilation *(voir p. 19)*.

/ʒʒ/
1. Je ne le dérange jamais.
2. Je ne le corrige jamais.
3. Je ne le néglige jamais.

/ʃʒ/
4. Je ne le cherche jamais.
5. Je ne le fâche jamais.
6. Je ne le lâche jamais.

* En style plus familier, le « ne » de la phrase négative n'est pas prononcé.

13 A : Tu marches ?   B : Je marche chaque fois que je peux.

À vous ! Dites bien les consonnes géminées *(voir p. 19)* et la séquence de /ə/ *(voir p. 18)*.

1. A : Tu marches ?   B : _____
2. A : Tu pêches ?   B : _____
3. A : Tu plonges ?   B : _____
4. A : Tu nages ?   B : _____

14 A : Tu cherches un deux-pièces ?   B : C'est ce que je cherche.

À vous ! Dites bien la séquence de /ə/ *(voir p. 18)* et les consonnes géminées avec assimilation *(voir p. 19)*.

1. A : Tu cherches un deux-pièces?   B : _____
2. A : Tu changes les rideaux ?   B : _____
3. A : Tu choisis les tissus ?   B : _____
4. A : Tu chines les vieilles faïences ? B : _____

ÉCRITURE

Écrivez, sur le même modèle, d'autres petites annonces :

Cherche jeune femme riche, chaleureuse, joyeuse,...
Cherche _____   _____
_____   _____
_____   _____

LECTURE

Un enfant a dit
je sais des poèmes
un enfant a dit
chsais des poaisies

Raymond Queneau (1903-1976), *Un enfant a dit.*

« chsais des poaisies » = « je sais des poésies »

Le jeu entre l'orthographe et la prononciation n'a-t-il pas un effet poétique ?

31 SOIE-CHOIX /s/ - /ʃ/

Les **ch**an**c**eux **s**ont **c**eux qui arrivent à tout ;
les mal**ch**an**c**eux **c**eux à qui tout arrive.
            Eugène Labiche (1815-1888).

À **ch**aque nuit **s**on jour, à **ch**aque mont **s**on val,
À **ch**aque jour **s**a nuit, à **ch**aque arbre **s**on ombre,
À **ch**aque être **s**on Non, à **ch**aque bien **s**on mal.
            Raymond Queneau (1903-1976), *L'Explication des métaphores*.

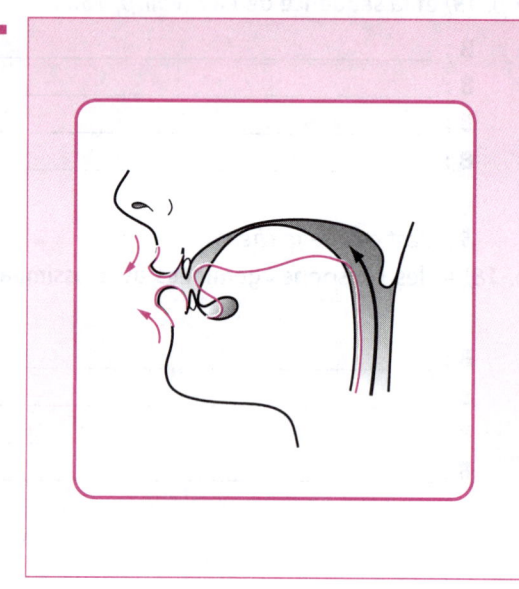

	/s/ - pas de vibration des cordes vocales - consonne continue : **on entend l'air passer entre l'avant de la langue et les dents supérieures** - les lèvres sont vers l'avant
	/ʃ/ - pas de vibration des cordes vocales - consonne continue : **on entend l'air passer entre le dos de la langue et le palais** - les lèvres sont vers l'avant

Vous pouvez étudier la prononciation du /s/ p. 138 (**poisson - poison**) et p. 142 (**les cieux - les yeux**).
Vous pouvez étudier la prononciation du /ʃ/ p. 144 (**chou - joue**).

/s/ s'écrit le plus souvent :	- **s** sauf entre deux voyelles graphiques - **ss sc** - **ce ci cy** - **ça ço çu** - **ti** + voyelle, sauf imparfait - Cas particuliers : ***x***	*savoir pense* *poisson descendre* *cela cinéma cycle* *ça garçon reçu* *nation patient* *dix soixante*
/ʃ/ s'écrit le plus souvent :	- **ch sch** - Cas particuliers : **sh**	*chien schéma* *shampoing*

SOIE-CHOIX /s/-/ʃ/

EXERCICES

1 Répétez.

/s/ /ʃ/
1. C'est chez moi.
2. C'est chez toi.
3. C'est chez nous.
4. C'est chez vous.

★

2 A : C'est cher ?   B : C'est chic et c'est cher...

À vous ! Dites bien les deux groupes rythmiques *(voir p. 13).*

1. A : C'est cher ?   B : _____
2. A : C'est chaud ?   B : _____
3. A : C'est chouette* ?   B : _____
4. A : C'est charmant ?   B : _____

★★

3 Répétez.

/s/ /ʃ/ /s/
1. Passez chez Sonia !
2. Passez chez Stéphane !
3. Passez chez Sandra !
4. Passez chez Cyrille !

4 A : Ça y est, je sors.   B : Tu sors ? Quelle chance !

À vous ! Dites bien l'intonation interrogative n° 2.1 puis exclamative n° 3 *(voir p. 20).*

1. A : Ça y est, je sors.   B : _____
2. A : Ça y est, je signe.   B : _____
3. A : Ça y est, je suis.   B : _____
4. A : Ça y est, je sais.   B : _____
5. A : Ça y est, je saisis.   B : _____

★★★

5 Répétez.

/ʃj/ - /sj/
1. C'est son chien. - C'est le sien.
2. C'est sa chienne. - C'est la sienne.
3. C'est son chiot. - C'est le sien.

6 A : Tu as déjà vu ce chirurgien ?   B : Non, pas ce chirurgien-là.

À vous ! Faites bien la chute du /ə/ *(voir p. 18).*

1. A : Tu as déjà vu ce chirurgien ?   B : _____
2. A : Tu as déjà rencontré ce chercheur ?   B : _____
3. A : Tu as déjà applaudi ce chanteur ?   B : _____
4. A : Tu as déjà entendu ce chansonnier ?   B : _____

LECTURE   La chère chose qu'est l'absence.

Samuel Beckett (1906-1989), *Malone meurt.*

32 ◆ LES ŒUFS-LES JEUX / z / - / ʒ /

Un lièvre en son **gî**te son**ge**ait
(car que faire en un **gî**te, à moins que l'on ne son**ge** ?)
Jean de La Fontaine (1621-1695), *Le Lièvre et les Grenouilles, Fables.*

Il y a de l'ora**g**' dans l'air
il y a de l'eau dans le ga**z**
entre le **j**a**zz** et la **j**ava.
Claude Nougaro, *Le jazz et la java* (chanson).

(« orag' » : ici, forme orale de « orage »)

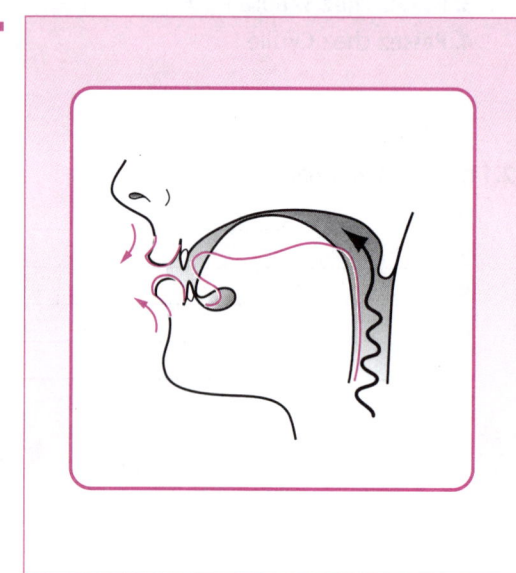

/ z / - vibration des cordes vocales
- consonne continue : **on entend l'air passer entre l'avant de la langue et les dents supérieures**

/ ʒ / - vibration des cordes vocales
- consonne continue : **on entend l'air passer entre le dos de la langue et le palais**
- les lèvres sont vers l'avant

Vous pouvez étudier la prononciation du / z / p. 138 (**poisson - poison**) et p. 142 (**les cieux - les yeux**).
Vous pouvez étudier la prononciation du / ʒ / p. 144 (**chou - joue**).

/ z / s'écrit le plus souvent :	- **s** entre deux voyelles graphiques - **z** - **s** en liaison **x** en liaison	*poison* *douze* *tes enfants deux amis*
/ ʒ / s'écrit le plus souvent :	-**j** -**ge** + **a** **ge** + **o** **ge** + **u** -**g** + **e** **g** + **i**	*je* *mangeait Georges gageure* *genou girafe*

LES ŒUFS-LES JEUX / z / - / ʒ /

EXERCICES

1 Répétez. Dites bien la liaison obligatoire n° 4 (voir p. 16).

/ ʒ / / z /
1. Je les aime.
2. Je les écoute.
3. Je les admire.
4. Je les observe.

2 A : *Les enfants ont joué avec Jean ?*   B : *Ils ont déjà joué avec Jean.*
À vous ! Dites bien la liaison obligatoire n° 4 (voir p. 16).

1. A : Les enfants ont joué avec Jean ?   B : _____
2. A : Ils ont joué avec Jacques ?   B : _____
3. A : Ils ont joué avec Julien ?   B : _____
4. A : Ils ont joué avec Jérôme ?   B : _____

★★

3 Répétez. Dites bien la liaison obligatoire n° 2 (voir p. 16).

/ ʒ / / z /
1. Ce sont de jeunes électeurs.
2. Ce sont de jeunes élus.
3. Ce sont de jeunes idéalistes.
4. Ce sont de jeunes optimistes.

* En style plus familier, on peut entendre : « des jeunes électeurs » (voir p. 21).

4 A : *Tu as rangé les contrats ?*   B : *Jamais je ne les ai rangés.*
À vous ! Faites bien la chute du / ə / (voir p. 18).

1. A : Tu as rangé les contrats ?   B : _____
2. A : Tu as dirigé les travaux ?   B : _____
3. A : Tu as corrigé les exercices ?   B : _____
4. A : Tu as changé les conditions ?   B : _____

* En style plus familier, le « ne » de la phrase négative n'est pas prononcé.

★★★

5 Répétez.

/ z ʒ /
1. Douze jeunes gens.
2. Douze joueurs.
3. Douze journaux.
4. Douze jaunes d'œufs.

6 A : *Vous m'avez épuisé !*   B : *Quand vous ai-je épuisé ?*
À vous ! Dites bien la liaison obligatoire n° 4 (voir p. 16) puis l'enchaînement consonantique (voir p. 15) avec « je » (voir p. 18).

1. A : Vous m'avez épuisé !   B : _____
2. A : Vous m'avez abusé !   B : _____
3. A : Vous m'avez amusé !   B : _____

LECTURE   En ce temps-là j'étais en mon adolescence
J'avais à peine seize ans et je ne me souvenais déjà plus de mon enfance
J'étais à seize mille lieues du lieu de ma naissance...

Blaise Cendrars (1887-1961), *Prose du Transsibérien
et de la petite Jehanne de France.*

cent cinquante et un • 151

33 EXCELLENT-EXAMEN
/ ks / - / gz /

Je comprends très bien, dit Dieu,
qu'on fasse son examen de conscience.
C'est un excellent exercice.
> Charles Péguy (1873-1914), *Le Mystère des Saints Innocents.*

puisque tout était déjà très exceptionnel,
[…] je me suis dit que si c'était ça l'exode,
l'aventure s'annonçait plutôt bien.
> Jean-Loup Trassard (1933-), *Tardifs instantanés.*

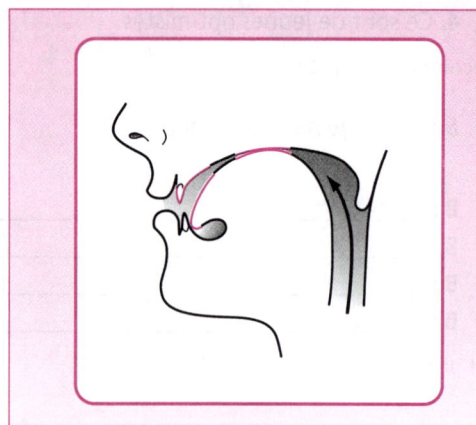

/ ks / - pas de vibration
des cordes vocales
- deux sons : une occlusive
(voir p. 124)
+ une constrictive (voir p. 138)

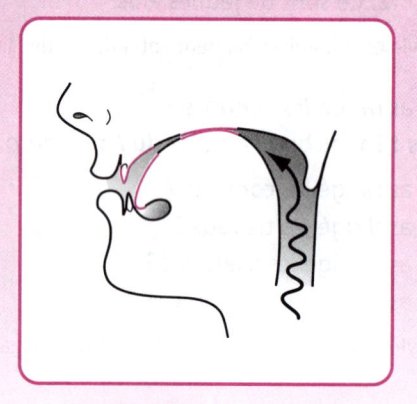

/ gz / - vibration
des cordes vocales
- deux sons : une occlusive
(voir p. 124)
+ une constrictive (voir p. 138)

Vous pouvez étudier la prononciation du / k / p. 124 (**cou - goût**) et celle du / s / p. 138 (**poisson - poison**).

Vous pouvez étudier la prononciation du / g / p. 124 (**cou - goût**) et celle du / z / p. 138 (**poisson - poison**).

/ **ks** / s'écrit le plus souvent :	- *cc* - *x* entre deux voyelles - *ex* + consonne (en début de mot)	*accent* *taxi* *excellent*
/ **gz** / s'écrit le plus souvent :	- *ex* + voyelle (en début de mot)	*examen*

EXCELLENT-EXAMEN / ks / - / gz /

EXERCICES

1 Répétez. Dites bien les liaisons obligatoires n° 6 et n° 2 (voir p. 16).

/ **ks** / / **gz** /   1. C'est un excellent examen.   3. C'est un excellent exemple.
2. C'est un excellent exercice.   4. C'est un excellent exemplaire.

2   A : Il est treize heures.   B : Excusez-moi, il est exactement treize heures ?
À vous ! Dites bien l'intonation n° 4 puis interrogative n° 2.1 (voir p. 20).

1. A : Il est treize heures.   B : _____
2. A : Il est quatorze heures.   B : _____
3. A : Il est quinze heures.   B : _____
4. A : Il est seize heures.   B : _____

★★

3 Répétez. Dites bien la liaison obligatoire n° 2 (p. 20).

/ **gz** / / **ks** /   1. Examinons ces exceptions.   3. Examinons ces expressions.
2. Examinons ces expériences.   4. Examinons ces explications.

4   A : Maxime a l'accent grec.   B : Maxime exagère toujours son accent !
À vous ! Dites bien l'intonation exclamative n° 3 (voir p. 20).

1. A : Maxime a l'accent grec.   B : _____
2. A : Alexandre a l'accent russe.   B : _____
3. A : Alix a l'accent italien.   B : _____
4. A : Félix a l'accent espagnol.   B : _____

★★★

5 Répétez. Dites bien les consonnes géminées (voir p. 19).

/ **ss** /   1. Il exerce son exceptionnelle intelligence.
2. Il exerce son exceptionnelle mémoire.
3. Il exerce son exceptionnelle résistance.

6   A : C'est un excellent employeur.   B : Ça existe, les excellents employeurs ?
À vous ! Dites bien les liaisons obligatoires n° 2 (voir p. 16).

1. A : C'est un excellent employeur.   B : _____
2. A : C'est un excellent architecte.   B : _____
3. A : C'est un excellent interprète.   B : _____
4. A : C'est un excellent animateur.   B : _____

cent cinquante-trois • 153

34 BOIRE-VOIR /b/ - /v/

Comme un **b**œuf **b**a**v**ant au la**b**our
le na**v**ire s'enfonce dans l'eau péni**b**le.
Jules Supervielle (1884-1960), *Débarcadères*.

[...] À haute **v**oix s'écriait : « À **b**oire ! à **b**oire ! à **b**oire ! »
comme in**v**itant tout le monde à **b**oire, si **b**ien qu'il fut ouï
de tout le pays de **B**eusse et de **B**i**b**aroys.
François Rabelais (1483-1553), *Gargantua*.

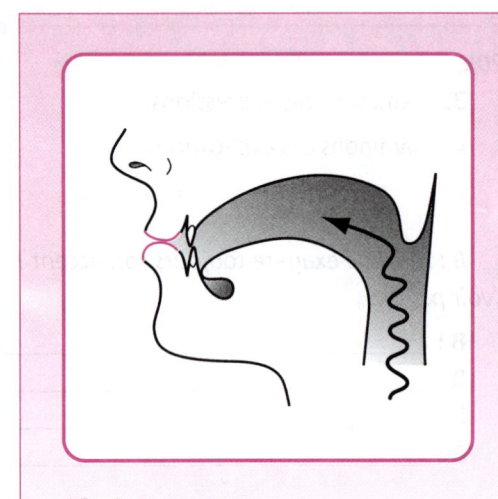

/ **b** / - vibration des cordes vocales
- consonne momentanée : **les deux lèvres, fermées, s'ouvrent d'un seul coup**

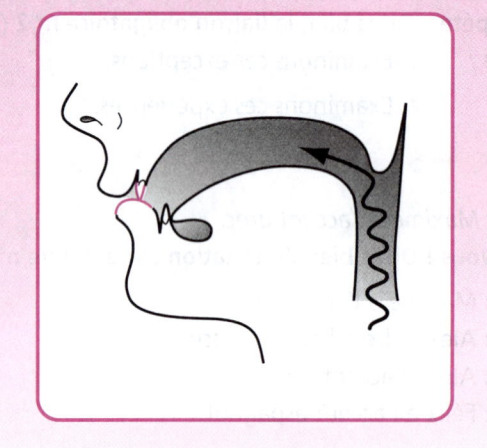

/ **v** / - vibration des cordes vocales
- consonne continue : **on entend l'air passer entre la lèvre inférieure et les dents supérieures**

Vous pouvez étudier la prononciation du / **b** / p. 116 (**port - bord**).
Vous pouvez étudier la prononciation du / **v** / p. 134 (**fer - ver**).

/ **b** / s'écrit le plus souvent :	*b* *bb*	*bon abbaye*
/ **v** / s'écrit le plus souvent :	*v* *w*	*voiture wagon*

154 • cent cinquante-quatre

BOIRE-VOIR / b / - / v /

EXERCICES

1 Répétez.

/ b / / v /
1. C'est bien vous ?
2. C'est bien vrai ?
3. C'est bien vert.
4. C'est bien vieux.

2 Répétez. Dites bien l'enchaînement vocalique *(liaison impossible n° 2 voir p. 17)*.

/ v / / b /
1. Viens à la boulangerie !
2. Viens à la boucherie !
3. Viens à la banque !
4. Viens à la bibliothèque !

3 A : *Une banane ?*   B : *Une banane ? Bien volontiers.*

À vous ! **Dites bien l'intonation interrogative n° 2.1 puis assertive n° 1** *(voir p. 20)*.

1. A : Une banane ?   B : _____
2. A : Un beignet ?   B : _____
3. A : Un biscuit ?   B : _____
4. A : Une bière ?   B : _____

4 A : *C'est bête !*   B : *C'est vrai ! C'est bête !*

À vous ! **Dites bien les deux groupes rythmiques** *(voir p. 13)*.

1. A : C'est bête !   B : _____
2. A : C'est bien !   B : _____
3. A : C'est beau !   B : _____
4. A : C'est bas !   B : _____
5. A : C'est bizarre ! B : _____

5 A : *Vous venez en septembre ?*   B : *Vers le vingt septembre, ça vous va ?*

À vous ! **Dites bien l'intonation n° 4 puis l'intonation interrogative n° 2.1** *(voir p. 20)*.

1. A : Vous venez en septembre ? B : _____
2. A : Vous venez en décembre ?   B : _____
3. A : Vous venez en janvier ?   B : _____
4. A : Vous venez en février ?   B : _____
5. A : Vous venez en novembre ?   B : _____

LECTURE

V'la l'bon vent
V'la l'joli vent
V'la l'bon vent ma mie m'appelle...

Chanson populaire.

« V'la » *est la forme familière et populaire de* « voilà ».
« l' » : *ici, forme orale de* « le ».

BOIRE-VOIR / b / - / v /

EXERCICES

6 Répétez.

/ v / / v / / b /
1. Vous vous baignez ?
2. Vous vous battez ?
3. Vous vous baladez* ?
4. Vous vous bousculez ?

7 Répétez.

/ b / / v / / b /
1. Bravo pour le boulot* !
2. Bravo pour le bénéfice !
3. Bravo pour le bouquin* !
4. Bravo pour le brevet !

8 A : Je suis bien installé.   B : Vraiment bien installé !

À vous ! Dites bien la liaison obligatoire n° 3 (voir p. 16).

1. A : Je suis bien installé.   B : _____
2. A : Je suis bien informé.   B : _____
3. A : Je suis bien organisé.   B : _____
4. A : Je suis bien occupé.   B : _____

9 A : Un bourgogne ?   B : Va pour un verre de bourgogne !

À vous ! Dites bien l'intonation assertive n° 1 (voir p. 20).

1. A : Un bourgogne ?   B : _____
2. A : Un bordeaux ?   B : _____
3. A : Un beaujolais ?   B : _____
4. A : Une bière ?   B : _____

10 A : Tu nous parles ?   B : Je vais bientôt vous parler.

À vous ! Dites bien un seul groupe rythmique (voir p. 13).

1. A : Tu nous parles ?   B : _____
2. A : Tu nous téléphones ?   B : _____
3. A : Tu nous questionnes ?   B : _____
4. A : Tu nous consultes ?   B : _____
5. A : Tu nous expliques ?   B : _____

LECTURE

Cette valse   est un vin   qui ressemble   au saumur
Cette valse   est le vin   que j'ai bu   dans tes bras
Tes cheveux   en sont l'or   et mes vers   s'en émurent
          Valsons-la   comme on saute un mur
Ton nom s'y murmure   Elsa valse   et valsera

Louis Aragon (1897-1982), *Elsa-Valse*.

BOIRE-VOIR / b / - / v /

EXERCICES

★★★

11 **Répétez. Faites bien la chute du / ə / *(voir p. 18)*.**

1. Vous avez rendez-vous dans la banlieue de Versailles ?
2. Vous avez rendez-vous dans la banlieue de Valence ?
3. Vous avez rendez-vous dans la banlieue de Valenciennes ?
4. Vous avez rendez-vous dans la banlieue de Vannes ?

12 **Répétez.**

/ **b v** / 1. Ça tombe vite.   / **v b** / 3. Ils en savent beaucoup.
         2. Ça flambe vite.   4. Ils en boivent beaucoup.

13 A : *Tu aimes ce blanc ?*   B : *Ce blanc va bien avec ce vert.*

À vous ! Dites bien l'enchaînement vocalique *(liaison impossible n° 2 voir p. 17)*.

1. A : Tu aimes ce blanc ?   B : _____
2. A : Tu aimes ce bleu ?   B : _____
3. A : Tu aimes ce beige ?   B : _____
4. A : Tu aimes ce brun ?   B : _____

14 A : *Les patrons m'approuvent.*   B : *Ils peuvent bien vous approuver !*

À vous ! Dites bien l'intonation exclamative n° 3 *(voir p. 20)*.

1. A : Les patrons m'approuvent.   B : _____
2. A : Ils m'observent.   B : _____
3. A : Ils m'éprouvent.   B : _____
4. A : Ils m'énervent.   B : _____

15 A : *Pardon, je bafouille !*   B : *Ça ne vous arrive pas souvent de bafouiller !*

À vous ! Faites bien les chutes du / ə / *(voir p. 18)*.

1. A : Pardon, je bafouille !   B : _____
2. A : Pardon, je bredouille !   B : _____
3. A : Pardon, je bavarde !   B : _____
4. A : Pardon, je bosse* !   B : _____
5. A : Pardon, je blague !   B : _____

⚠ En style plus familier, le « ne » de la phrase négative tend à ne pas être prononcé.

LECTURE

Le vierge, le vivace et le bel aujourd'hui
Va-t-il nous déchirer avec un coup d'aile ivre
Ce lac dur oublié que hante sous le givre
Le transparent glacier des vols qui n'ont pas fui !

Stéphane Mallarmé (1842-1898), *Sonnets II.*

Dans ce poème symboliste, le son prime le sens : la forme graphique de la lettre V et les allitérations en / v / évoquent les ailes de l'oiseau.

cent cinquante-sept • 157

VI

LES CONSONNES SONANTES

Les **consonnes sonantes nasales** sont des sons produits par l'air qui rencontre un obstacle total dans la bouche mais s'échappe librement par le nez.

Le lieu où se situe l'obstacle qui arrête le passage de l'air permet la classification des consonnes nasales par leur point d'articulation : les deux lèvres (consonne bi-labiale), la pointe de la langue contre les dents (consonne dentale) ou le dos de la langue contre le palais (consonne palatale).

Les **consonnes sonantes liquides** sont des sons produits pas l'air qui rencontre un obstacle partiel dans la bouche.

Le lieu où se situe l'obstacle qui réduit le passage de l'air permet la classification des consonnes liquides par leur point d'articulation. Pour le / R /, consonne vibrante, la luette (ou le palais mou) vibre contre la racine de la langue ; pour le / l /, consonne liquide, l'air s'écoule par les côtés de la langue (la pointe étant appuyée contre l'avant de la bouche).

Point d'articulation	Consonnes sonantes		Symbole phonétique	Exemple	Leçon
bi-labial	nasales		/ m /	sème	p. 160
dental			/ n /	saine	
palatal			/ ɲ /	saigne	
racine de la langue	liquides	vibrante	/ R /	serre	p. 164, p. 168 et p. 176
côtés de la langue		latérale	/ l /	celle	p. 172 et 176

158 • cent cinquante-huit

ÉCOUTE ET DISCRIMINATION

p. 160 / m / - / n / - / ɲ /

Répétez :

voyelle orale	voyelle orale + / m /	voyelle orale + / n /	voyelle orale + / ɲ /	voyelle nasale
lit / i / (voir p. 26)	lime	Line	ligne	lin / ɛ̃ / (voir p. 84)
ses / e / (voir p. 30)	sème	Seine	saigne	saint / ɛ̃ / (voir p. 84)
pas / A / (voir p. 23)	pâme	panne	pagne	pan / ɑ̃ / (voir p. 88)
rôt / o / (voir p. 36)	Rome	Garonne	Sologne	rond / õ / (voir p. 92)
bru / y / (voir p. 46)	brume	brune	bugne	brun / œ̃ / (voir p. 96)

35

---

p. 164 / R / final et / R / devant consonne

1) pis - pire   colis - collyre   coup - cours   voix - voir

✎ Retrouvez : cochez le mot que vous entendez dans les phrases.

| 1. pis | ❏ | pire | ❏ | 3. coup | ❏ | cours | ❏ |
| 2. colis | ❏ | collyre | ❏ | 4. voix | ❏ | voir | ❏ |

36

2) bas - bar   On a su. - On assure.   trouvé - retrouvé   pris - repris

✎ Retrouvez : cochez le mot que vous entendez dans les phrases.

| 1. bas | ❏ | bar | ❏ | 3. trouvé | ❏ | retrouvé | ❏ |
| 2. a su | ❏ | assure | ❏ | 4. pris | ❏ | repris | ❏ |

---

p. 168 / R / intervocalique et / R / en groupe consonantique

Répétez :

	voyelle + / R /	/ R / intervocalique	consonne + / R /
/ u / (voir p. 50)	tour	entourer	trou
/ y / (voir p. 46)	dur	durer	dru
/ œ / (voir p. 66)	peur	peureux	preux
/ i / (voir p. 26)	cire	cirer	la cerise (voir p. 18)
/ a / (voir p. 34)	phare	farine	tu feras (voir p. 18)

37

---

p. 172 / l /

1) bas - bal   haut - hall   coud - coule

✎ Retrouvez : cochez le mot que vous entendez dans les phrases.

| 1. bas | ❏ | bal | ❏ | 2. haut | ❏ | hall | ❏ | 3. coud | ❏ | coule | ❏ |

38

2) prend - le prend   seul - le seul   veux - le veux

✎ Retrouvez : cochez le(s) mot(s) que vous entendez dans les phrases.

| 1. prend | ❏ | le prend | ❏ | 2. seul | ❏ | le seul | ❏ | 3. veux | ❏ | le veux | ❏ |

---

p. 176 / l / - / R /   bal - bar   lit - riz   longe - ronge   le sortir - ressortir

✎ Retrouvez : cochez le mot que vous entendez dans les phrases.

39

| 1. bal | ❏ | bar | ❏ | 3. longe | ❏ | ronge | ❏ |
| 2. lit | ❏ | riz | ❏ | 4. le sortir | ❏ | ressortir | ❏ |

cent cinquante-neuf • 159

35 ◆ SÈME-SEINE-SAIGNE
/ m / - / n / - / ɲ /

Le corbeau qui croasse et flaire la charo**gn**e
Fouette l'air lourde**m**ent, et de so**n** aile co**gn**e
Le front du jeu**n**e ho**mm**e éperdu.

Théophile Gautier (1811-1872), *CIX*.

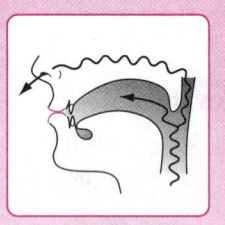

♪		**/ m /** - vibration des cordes vocales - consonne nasale : l'air passe par la bouche et par le nez **- les deux lèvres, fermées, s'ouvrent d'un seul coup**
		/ n / - vibration des cordes vocales - consonne nasale : l'air passe par la bouche et par le nez **- la pointe de la langue, contre les dents supérieures, se retire d'un seul coup**
		/ ɲ / - vibration des cordes vocales - consonne nasale : l'air passe par la bouche et par le nez **- le dos de la langue, contre le palais, se retire d'un seul coup**

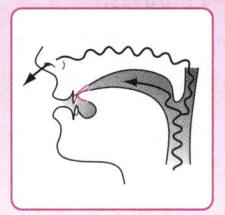

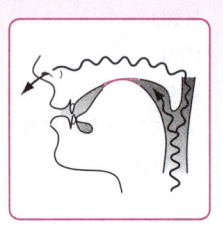

⚠ S'il y a consonne nasale, il n'y a pas voyelle nasale sauf dans certains cas de liaison (voir p. 82). En position finale, les consonnes nasales doivent être prononcées **intégralement**, avec une légère explosion due à la détente des deux lèvres pour **/ m /**, de la pointe de la langue pour **/ n /** et du dos de la langue pour **/ ɲ /**.

✎
/ m / s'écrit le plus souvent :	*-m mm*	*mettre emmêler*
/ n / s'écrit le plus souvent :	*-n nn mn*	*notre année automne*
/ ɲ / s'écrit le plus souvent :	*-gn*	*signe*

⚠ Les mots en « -ing » empruntés à l'anglais (*listing, parking,...*) ont tendance à se prononcer **/ i ɲ g /**.

SÈME-SEINE-SAIGNE / m / - / n / - / ɲ /

EXERCICES

1 Répétez. Faites bien la chute du / ə / (voir p. 18).

/ nəm /   1. Je ne/ mange pas.   3. Je ne/ m'amuse pas.
           2. Je ne/ maigris pas.   4. Je ne/ m'ennuie pas.

* En style plus familier, le « ne » de la phrase négative tend à ne pas être prononcé.

2 Répétez. Faites bien la chute du / ə / (voir p. 18).

/ nəmə /   1. Ça ne/ me plaît pas.   3. Ça ne/ me va pas.
            2. Ça ne/ me dit pas.   4. Ça ne/ me gêne pas.

* En style plus familier, le « ne » de la phrase négative tend à ne pas être prononcé.

3 A : À demain !   B : À demain, Madame !

À vous ! Dites bien le / m / final.

1. A : À demain !   B : _____
2. A : À dimanche !   B : _____
3. A : À mardi !   B : _____
4. A : À mercredi !   B : _____

4 A : C'est mal ?   B : Ce n'est pas mal.

À vous ! Dites bien un seul groupe rythmique (voir p. 13).

1. A : C'est mal ?   B : _____
2. A : C'est mieux ?   B : _____
3. A : C'est meilleur ?   B : _____
4. A : C'est mauvais ?   B : _____

* En style plus familier, on peut entendre : « C'est pas mal » (voir p. 21).

5 A : Le texte ne fait que six lignes !   B : Six lignes et demie.

À vous ! Dites bien l'enchaînement consonantique (liaison impossible n° 3 voir p. 17).

1. A : Le texte ne fait que six lignes !   B : _____
2. A : Le texte ne fait que dix lignes !   B : _____
3. A : Le texte ne fait que cinq lignes !   B : _____
4. A : Le texte ne fait que huit lignes !   B : _____

⚠ Prononciation de « six » et « dix » : devant une consonne, le « x » final n'est jamais prononcé.
    Prononciation de « cinq » : devant une consonne, on peut entendre le « q » final.
    Prononciation de « huit » : devant une consonne, le « t » n'est jamais prononcé.

LECTURE

Trente ans, et le même arbre qui était le même, et le même enfant qui était un autre.

Pierre Michon (1945-), *Vies minuscules.*

cent soixante et un • 161

SÈME-SEINE-SAIGNE / m / - / n / - / ɲ /

EXERCICES

6 Répétez. Faites bien les chutes du / ə / (voir p. 18).

/ mən / - / nəmə / 1. On me note. - On ne me note pas.   3. On me néglige. - On ne me néglige pas.
2. On me nuit. - On ne me nuit pas.   4. On me nomme. - On ne me nomme pas.

7 A : Tu as pris ton chapeau et ton manteau ?   B : Ni mon chapeau ni mon manteau.
À vous ! Dites bien les deux groupes rythmiques (voir p. 13).

1. A : Tu as pris ton chapeau et ton manteau ?   B : _____
2. A : Tu as pris tes gants et ton bonnet ?   B : _____
3. A : Tu as pris ta moto et ton casque ?   B : _____
4. A : Tu as pris tes papiers et ton argent ?   B : _____
5. A : Tu as pris ton chéquier et ton agenda ?   B : _____

8 A : Et pour vous ? Une livre de noix ?   B : Non, non, seulement deux cents grammes de noix.
À vous ! Dites bien les intonations n° 4 puis l'intonation assertive n° 1 (voir p. 20).

1. A : Et pour vous ? Une livre de noix ?   B : _____
2. A : Une livre de noisettes ?   B : _____
3. A : Une livre de myrtilles ?   B : _____
4. A : Une livre de mandarines ?   B : _____
5. A : Une livre de marrons ?   B : _____

9 A : Vous exportez des cassettes ?   B : J'ignore si on* en exporte.
À vous ! Dites bien les liaisons obligatoires n° 4 (voir p. 16).

1. A : Vous exportez des cassettes ?   B : _____
2. A : Vous achetez des CD ?   B : _____
3. A : Vous importez des Cédéroms ?   B : _____

ÉCRITURE

Complétez le nom de ces régions françaises.

La _ _ _ _ _ _ _ G N _ produit des vins prestigieux.

Reims est la capitale de la _ _ _ _ _ _ _ G N _ .

On trouve de nombreux volcans en _ _ _ _ _ G N _ .

Les côtes très découpées de la _ _ _ _ _ G N _ attirent les touristes.

La _ _ _ _ G N _ est une région de chasse, traversée par la Loire.

SÈME-SEINE-SAIGNE / m / - / n / - / ɲ /

EXERCICES

★★★

10 Répétez. Dites bien les consonnes géminées *(voir p. 19)*.

⚠ Les adjectifs commençant par « m- », précédés du préfixe « im- », sont prononcés / **imm** /.
Exceptions : « immanquable, immangeable » où « im- » est prononcé / ɛ̃ /.

/ **m** / - / **mm** /   1. Ce n'est pas moral. - C'est même **imm**oral.
2. Ce n'est pas matériel. - C'est même **imm**atériel.
3. Ce n'est pas mobile. - C'est même **imm**obile.

11 Répétez. Faites bien la chute du / ə / et dites bien les consonnes géminées *(voir p. 18 et 19)*.

/ nən /   1. Ça ne nous concerne jamais.
2. Ça ne nous touche jamais.
3. Ça ne nous regarde jamais.

12 **A** : Cet artiste, tu pourrais l'imiter ?   **B** : Impossible ! Il est inimitable !
À vous ! Dites bien les deux préfixes.

1. **A** : Cet artiste, tu pourrais l'imiter ?   **B** : _____
2. **A** : Cet athlète, tu pourrais l'égaler ?   **B** : _____
3. **A** : Ce ministre, tu pourrais l'attaquer ?   **B** : _____
4. **A** : Cet homme, tu pourrais l'oublier ?   **B** : _____
5. **A** : Ce paysage, tu pourrais l'imaginer ?   **B** : _____

13 **A** : On ne te craint pas.   **B** : J'aimerais bien qu'on me craigne.
À vous ! Dites bien la consonne finale du subjonctif.

1. **A** : On ne te craint pas.   **B** : _____
2. **A** : On ne te joint pas.   **B** : _____
3. **A** : On ne te plaint.   **B** : _____

ÉCRITURE

Trouvez le verbe correspondant aux mots suivants.

Exemple : témoin : témoigner

⚠ Les verbes ne se forment pas tous sur le même modèle.

témoin : _____   gain : _____   loin : _____
soin : _____   poing : _____   sang : _____
bain : _____   dédain : _____   coin : _____

LECTURE

Tout m'afflige et me nuit et conspire à me nuire.

Jean Racine (1639-1699), *Phèdre* (Acte I, scène 3).

cent soixante-trois • 163

36 BAS-BAR   PAQUET-PARQUET
/ R / final et
/ R / devant consonne

Et la me**r** et l'amou**r** sont l'ame**r** pour pa**r**tage,
Et la me**r** est amè**r**e, et l'amou**r** est ame**r**,
L'on s'abyme en l'amou**r** aussi bien qu'en la me**r**,
Ca**r** la me**r** et l'amou**r** ne sont point sans o**r**age.

Pierre de Marbeuf (1596-1645).

Chanteclerc :

Furieux ?

Patou :

Rrrrr...

Chanteclerc :

Quand il **r**oule l'**R**, il est t**r**ès en colè**r**e !

Patou :

C'est pa**r** amou**r** pou**r** toi que je la **r**oule,
L'**Rrrr**...

Edmond Rostand (1868-1918), *Chanteclerc* (Acte I, scène 4).

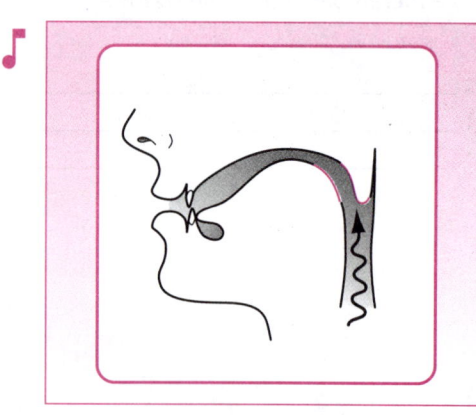

♪	/ R / - vibration des cordes vocales - consonne continue : on entend l'air passer sur l'arrière relevé de la langue, et un bref battement de la luette - pointe de la langue immobile en bas

⚠ Il y a plusieurs types de « r » en français. Les explications de cette leçon concernent le / **R** / le plus fréquemment entendu en France (dit « uvulaire »).

Vous pouvez étudier la prononciation du / **R** / p. 168 (**barré - craie**) et p. 176 (**lit - riz**).

✏	/ **R** / s'écrit le plus souvent :	r rr rh	riz terre rhume

164 • cent soixante-quatre

BAS-BAR - PAQUET-PARQUET / R /

EXERCICES

1 Répétez : présent - futur proche. Dites bien le / R / final de l'infinitif.
  1. Je finis. - Je vais finir.
  2. Tu bois. - Tu vas boire.
  3. Il cuit. - Il va cuire.
  4. Ça jaunit. - Ça va jaunir.

2 Répétez. Faites bien les chutes du / ə / (voir p. 18).
  1. Je les vois. - Je les revois.
  2. Je les fais. - Je les refais.
  3. Je les pose. - Je les repose.
  4. Je les monte. - Je les remonte.

3 A : Qui tu as vu à la poste ?   B : La postière.
  À vous ! Dites bien l'intonation assertive n° 1 (voir p. 20).
  1. A : Qui tu as vu à la poste ?   B : _____
  2. A : Qui tu as vu à la banque ?   B : _____
  3. A : Qui tu as vu à la caisse ?   B : _____
  4. A : Qui tu as vu à la conférence ? B : _____
  5. A : Qui tu as vu à l'hôtel ?   B : _____

  * En style plus familier, on peut entendre « Qui t'as vu… » (voir p. 21).

4 A : Tu connais cet artiste ?   B : C'est un formidable artiste !
  À vous ! Dites bien la liaison obligatoire n° 6 (voir p. 16) et l'enchaînement consonantique (voir p. 15).
  1. A : Tu connais cet artiste ?   B : _____
  2. A : Tu connais cet interprète ?   B : _____
  3. A : Tu connais cet organiste ?   B : _____
  4. A : Tu connais cet architecte ?   B : _____
  5. A : Tu connais cet urbaniste ?   B : _____

5 A : Paul a menti ?   B : Je suis sûr qu'il va mentir.
  À vous ! Dites bien deux groupes rythmiques (voir p. 13).
  1. A : Paul a menti ?   B : _____
  2. A : Il a choisi ?   B : _____
  3. A : Il a vieilli ?   B : _____
  4. A : Il a faibli ?   B : _____

LECTURE

À Paris / Sur un cheval gris
À Nevers / Sur un cheval vert
À Issoire / Sur un cheval noir.

Max Jacob (1876 -1944),
Pour les enfants et pour les raffinés.

BAS-BAR - PAQUET-PARQUET / R /

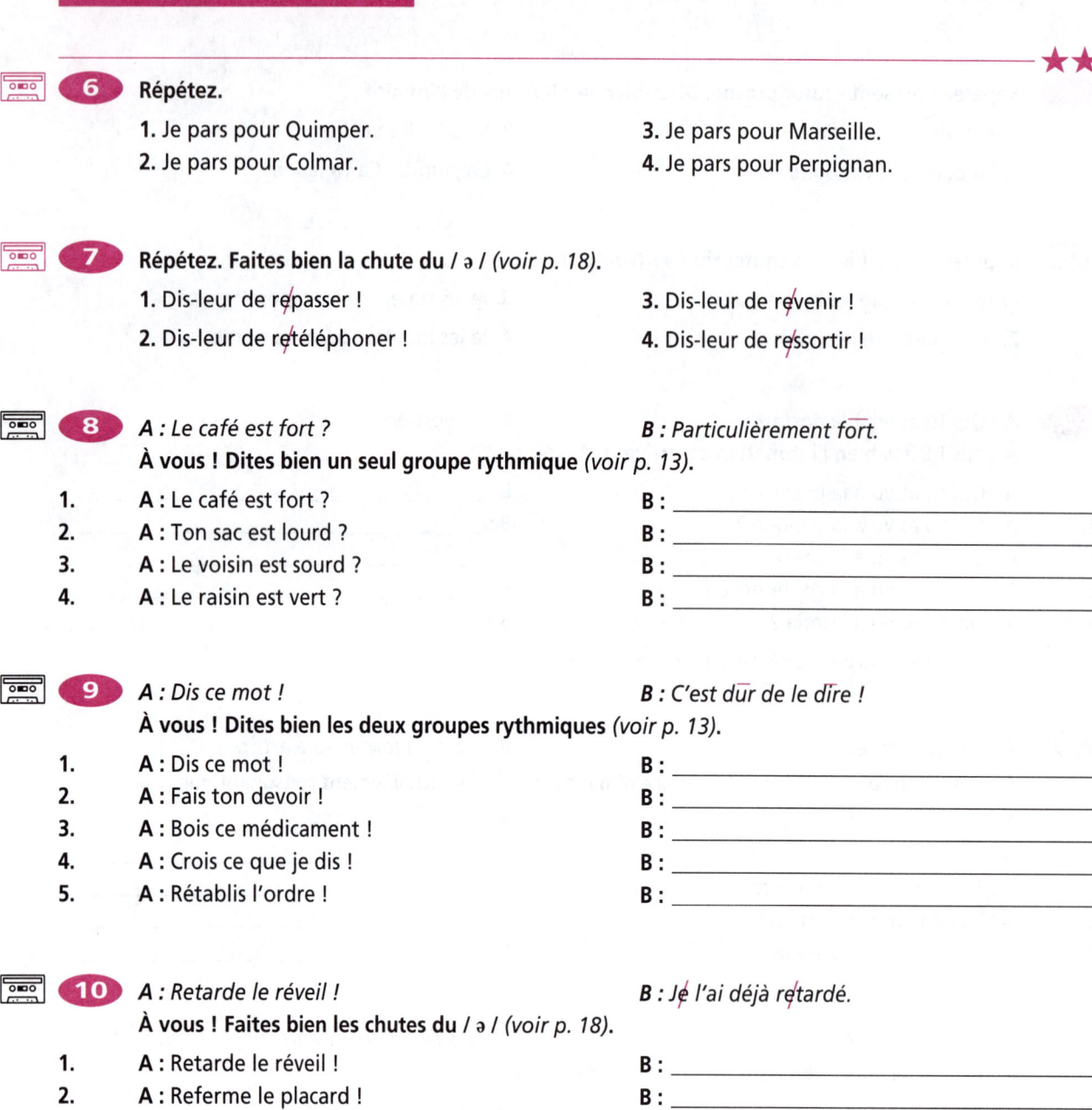

EXERCICES

★★

6 **Répétez.**

1. Je pars pour Quimper.
2. Je pars pour Colmar.
3. Je pars pour Marseille.
4. Je pars pour Perpignan.

7 **Répétez. Faites bien la chute du /ə/** *(voir p. 18).*

1. Dis-leur de repasser !
2. Dis-leur de retéléphoner !
3. Dis-leur de revenir !
4. Dis-leur de ressortir !

8 A : Le café est fort ?   B : Particulièrement fort.

À vous ! Dites bien un seul groupe rythmique *(voir p. 13).*

1. A : Le café est fort ?   B : _____
2. A : Ton sac est lourd ?   B : _____
3. A : Le voisin est sourd ?   B : _____
4. A : Le raisin est vert ?   B : _____

9 A : Dis ce mot !   B : C'est dur de le dire !

À vous ! Dites bien les deux groupes rythmiques *(voir p. 13).*

1. A : Dis ce mot !   B : _____
2. A : Fais ton devoir !   B : _____
3. A : Bois ce médicament !   B : _____
4. A : Crois ce que je dis !   B : _____
5. A : Rétablis l'ordre !   B : _____

10 A : Retarde le réveil !   B : Je l'ai déjà retardé.

À vous ! Faites bien les chutes du /ə/ *(voir p. 18).*

1. A : Retarde le réveil !   B : _____
2. A : Referme le placard !   B : _____
3. A : Reporte le rendez-vous !   B : _____
4. A : Regarde le programme !   B : _____
5. A : Recherche ce livre !   B : _____

LECTURE

Les morts
C'est sous terre ; Ça n'en sort
Guère.

Jules Laforgue (1860-1887),
Complainte de l'oubli des morts.

166 • cent soixante-six

BAS-BAR - PAQUET-PARQUET / R /

EXERCICES

★★★

11 Répétez. Faites bien la chute du / ə / (voir p. 18).

1. Il a regardé son horaire.
2. Il a regardé leur horaire.
3. Il a regardé son salaire.
4. Il a regardé leur salaire.

12 A : *Tu as eu des remords ?*   B : *J'ai peur d'avoir des remords.*
À vous ! Faites bien la chute du / ə / (voir p. 18).

1. A : Tu as eu des remords ?   B : _____
2. A : Tu as eu des regrets ?   B : _____
3. A : Tu as eu des reproches ?   B : _____
4. A : Tu as eu des refus ?   B : _____
5. A : Tu as eu des remarques ?   B : _____

13 A : *César perd ?*   B : *Pourvu qu'il perde !*
À vous ! Dites bien le / R / suivi de la consonne finale du subjonctif.

1. A : César perd ?   B : _____
2. A : Tibère sert ?   B : _____
3. A : Gaspar dort ?   B : _____
4. A : Melchior part ?   B : _____
5. A : Balthazar sort ?   B : _____

14 A : *Tu as classé le courrier ?*   B : *Tu parles* ! J'ai dû tout reclasser.*
À vous ! Faites bien la chute du / ə / (voir p. 18).

1. A : Tu as classé le courrier ?   B : _____
2. A : Tu as trié les lettres ?   B : _____
3. A : Tu as préparé les dossiers ?   B : _____
4. A : Tu as présenté le projet ?   B : _____
5. A : Tu as tapé le programme ?   B : _____

ÉCRITURE

Trouvez le nom de ces écrivains et de leurs œuvres.

_ _ _ _ _ R _ (1622-1673) est mort en interprétant « Le Malade _ _ _ _ _ _ _ _ _ R _ ».

_ _ R _ _ _ _ _ _ (1606-1684) a écrit le « Cid ».

_ _ _ _ _ _ _ _ _ R _ (1821-1867) a publié « Les _ _ _ _ _ R _ du Mal ».

cent soixante-sept • 167

37 BARRÉ-CRAIE
/ R / intervocalique et / R / en groupe consonantique

Je me plais à c**r**oi**r**e qu'il a**rr**iva un soi**r** d'octobre ou de décemb**r**e, t**r**empé de pluie ou les o**r**eilles **r**ougies dans le gel vif ; pou**r** la p**r**emiè**r**e fois ses pieds f**r**appè**r**ent ce chemin que plus jamais ils ne f**r**appe**r**ont.
   Pierre Michon (1945-), *Vies minuscules*.

Tou**r**te**r**elle, oiseau de noblesse,
L'o**r**age oublie qui le t**r**ave**rs**e.
   René Char (1907-1988), *Comme une présence*.

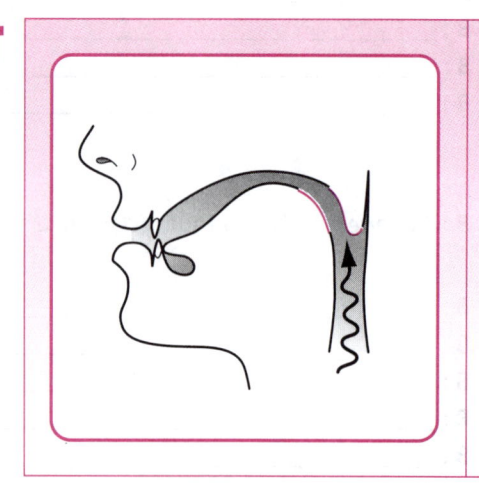

	/ **R** / - vibration des cordes vocales - consonne continue : on entend l'air passer sur l'arrière relevé de la langue, et un bref battement de la luette - pointe de la langue immobile en bas

⚠ Il y a plusieurs types de « r » en français. Les explications de cette leçon concernent le / **R** / le plus fréquemment entendu en France (dit « uvulaire »).

Vous pouvez étudier la prononciation du / **R** / p. 164 (**bas - bar**) et p. 176 (**lit - riz**).

/ **R** / s'écrit le plus souvent :	**r** **rr** **rh**	**r**iz te**rr**e **rh**ume

BARRÉ-CRAIE / R /

EXERCICES

1 **Répétez. Dites bien l'enchaînement consonantique** *(voir p. 15).*

1. Leur arrivée.
2. Leur atterrissage.
3. Sur un tabouret.
4. Sur un chariot.

2 **Répétez. Faites bien la chute du / ə / *(voir p. 18)* puis l'enchaînement vocalique** *(voir p. 14).*

1. Il patinera à Reims.
2. Il dansera à Rennes.
3. Il dirigera à Brest.
4. Il chantera à Troyes.

3 A : Tu es né en septembre ?   B : Le trente septembre.
À vous ! Dites bien un seul groupe rythmique *(voir p. 13).*

1. A : Tu es né en septembre ?   B : _____
2. A : Tu es né en novembre ?   B : _____
3. A : Tu es né en décembre ?   B : _____
4. A : Tu es né en octobre ?   B : _____

4 A : Il fait froid.   B : Tu trouves qu'il fait froid ?
À vous ! Dites bien l'intonation interrogative n° 2.1 *(voir p. 20).*

1. A : Il fait froid.   B : _____
2. A : Il fait très froid.   B : _____
3. A : Il fait frais.   B : _____
4. A : Il fait très frais.   B : _____

5 A : Je cherche le facteur.   B : Le facteur est près de vous.
À vous ! Dites bien l'enchaînement consonantique *(voir p. 15).*

1. A : Je cherche le facteur.   B : _____
2. A : Je cherche le contrôleur.   B : _____
3. A : Je cherche le conducteur.   B : _____
4. A : Je cherche le balayeur.   B : _____
5. A : Je cherche le camionneur.   B : _____

LECTURE

Am stram gram
Pic et pic et colegram
Bour et bour et ratatam
Am stram gram pic dam

Comptine.

Cette comptine, dont les mots n'ont pas de sens, permet aux enfants de désigner un joueur au hasard.

BARRÉ-CRAIE / R /

EXERCICES

6 **Répétez.**

1. Prête-moi trente francs !
2. Prête-moi trente-trois francs !
3. Prête-moi quarante francs !
4. Prête-moi quarante-quatre francs !

* En style plus familier, on peut entendre : « quat' francs » (voir p. 21).

7 **Répétez. Faites bien la chute du / ə / (voir p. 18).**

1. Tu ferais mon travail ?
2. Tu serais trop contente !
3. Tu devrais me remercier.

8 A : Tu ranges tes affaires ?   B : Je les rangerai la semaine prochaine.

À vous ! **Faites bien les chutes du / ə / du futur** (voir p. 18).

1. A : Tu ranges tes affaires ?   B : _____
2. A : Tu rappelles tes parents ?   B : _____
3. A : Tu racontes tes vacances ?   B : _____
4. A : Tu réclames tes photos ?   B : _____
5. A : Tu rédiges tes souvenirs ?   B : _____

9 A : Pierre est déjà averti ?   B : On l'a peut-être averti hier.

À vous ! **Dites bien l'enchaînement consonantique** (voir p. 15) **puis l'enchaînement vocalique** (voir p. 14).

1. A : Pierre est déjà averti ?   B : _____
2. A : Il est déjà arrêté ?   B : _____
3. A : Il est déjà informé ?   B : _____
4. A : Il est déjà interrogé ?   B : _____
5. A : Il est déjà enregistré ?   B : _____

* En style plus familier, on entendra : « p't-être » ou même « p't-êt' » (voir p. 21).

10 A : Vous avez réussi ?   B : J'ai réussi grâce à votre aide.

À vous ! **Dites bien les deux groupes rythmiques** (voir p. 13).

1. A : Vous avez réussi ?   B : _____
2. A : Vous avez trouvé ?   B : _____
3. A : Vous avez compris ?   B : _____
4. A : Vous avez traduit ?   B : _____

LECTURE

Maître de philosophie :

... il n'y a pour s'exprimer que la prose ou les vers. [...] Tout ce qui n'est point prose est vers ; et tout ce qui n'est point vers est prose.

Molière (1622-1673), *Le Bourgeois Gentilhomme* (Acte II, scène 4).

170 • cent soixante-dix

BARRÉ-CRAIE / R /

EXERCICES

★★★

11 Répétez les expressions. Dites bien les consonnes géminées *(voir p. 19)*.

/ RR /   1. Par retour du courrier.   3. Pour raisons de santé.
        2. Sur rendez-vous.   4. Pour* rien.

* En style plus familier, on peut entendre un / ə / parasite entre les deux / R /.

12 Répétez : imparfait - conditionnel. Faites bien la chute du / ə / *(voir p. 18)* et dites bien les consonnes géminées au conditionnel *(voir p. 19)*.

/ R / - / RəR /   1. Il tirait. - Il tirerait.   3. Il s'assurait. - Il s'assurerait.
                 2. Il errait. - Il errerait.   4. Il préférait. - Il préférerait.

13   A : Tu veux que je finisse ?   B : Tu pourrais vraiment finir ?
À vous ! Dites bien l'intonation interrogative n° 2.1 *(voir p. 20)*.

1. A : Tu veux que je finisse ?   B : _____
2. A : Tu veux que je réagisse ?   B : _____
3. A : Tu veux que j'agisse ?   B : _____
4. A : Tu veux que je réfléchisse ?   B : _____

14   A : Tu as entendu les opéras de Berg ?   B : J'ai entendu son dernier opéra.
À vous ! Dites bien la liaison obligatoire n° 2 *(voir p. 16)*.

1. A : Tu as entendu les opéras de Berg ?   B : _____
2. A : Tu as écouté les enregistrements de Prince ?   B : _____
3. A : Tu as lu les articles de Malraux ?   B : _____
4. A : Tu as apprécié les ouvrages de Sartre ?   B : _____

15   A : Tu démarres la moto ?   B : Je la démarrerais si je pouvais !
À vous ! Faites bien les chutes du / ə / *(voir p. 18)* et dites bien les consonnes géminées *(voir p. 19)*.

1. A : Tu démarres la moto ?   B : _____
2. A : Tu répares la voiture ?   B : _____
3. A : Tu gares la poussette ?   B : _____
4. A : Tu accélères l'allure ?   B : _____

ÉCRITURE

Trouvez l'adjectif correspondant à l'adverbe.

Exemple : dedans : intérieur

dedans : _____   au-dessus : _____   avant : _____
dehors : _____   au-dessous : _____   après : _____
derrière : _____   devant : _____

LECTURE

Entre le *fracas* et le *fatras*, il y a peu de distance quant aux lettres et quant au sens.

Joseph Joubert (1754-1824), *Pensées*.

38 BAS-BAL / l /

Apportez **la** caisse à Nob**l**es
et **l**e crochet à Nob**l**es
et **l**e couteau à Nob**l**es
et **l**e bouquin à Nob**l**es !
Ensuite, faites avancer **l**es Nob**l**es.
Alfred Jarry (1873-1907), *Ubu Roi* (Acte III, scène 2).

Jouvence**ll**e, co**l**ombe**ll**e,
Pimprene**ll**e, mirabe**ll**e,
C'est e**ll**e, ma péronne**ll**e,
Ma donze**ll**e, ma prune**ll**e,
C'est e**ll**' ma tit' minoise**ll**e.
Géo Norge (1898-1990), *Minoiselle*.

(« C'est ell' ma tit' minoiselle. » = « C'est elle ma petite demoiselle. »)

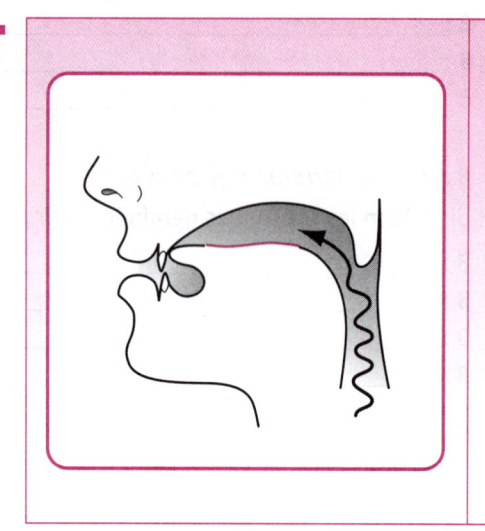

♪ [schéma articulatoire]	/ l / - vibration des cordes vocales - consonne continue : on entend l'air passer sur les côtés de la langue - pointe de la langue immobile en haut, en avant

Vous pouvez étudier la prononciation du / l / p. 176 (**lit - riz**).

⚠ En position finale, le / l / doit être prononcé sans creuser la langue.

✎ / l / s'écrit le plus souvent :	l ll	lit belle

172 • cent soixante-douze

EXERCICES

1 Répétez. Dites bien le / ə / tonique final.
1. Lis-le !
2. Lisez-le !
3. Lave-le !
4. Lavez-le !

2 Répétez. Dites bien l'enchaînement consonantique (voir p. 15).
1. Elle est seule.
2. Elle est pâle.
3. Elle est folle.
4. Elle est belle.

3 A : Ta valise est lourde ?   B : Elle est tellement lourde...
À vous ! Faites bien les chutes du / ə / (voir p. 18).
1. A : Ta valise est lourde ?   B : _____
2. A : La rue est large ?   B : _____
3. A : La route est longue ?   B : _____
4. A : La voiture est lente ?   B : _____

4 A : Je lis les textes ?   B : Non, ne les lis pas !
À vous ! Dites bien l'intonation n° 4 puis l'intonation impérative n° 3 (voir p. 20).
1. A : Je lis les textes ?   B : _____
2. A : Je laisse les papiers ?   B : _____
3. A : Je lance les projets ?   B : _____
4. A : Je lave les vêtements ?   B : _____
5. A : Je loue les appartements ?   B : _____

* En style plus familier, le « ne » de la phrase négative peut ne pas être prononcé.

5 A : Tu pars à Lyon pour longtemps ?   B : Absolument, je m'installe à Lyon.
À vous ! Dites bien l'enchaînement consonantique (voir p. 15).
1. A : Tu pars à Lyon pour longtemps ?   B : _____
2. A : Tu pars à Lille pour longtemps ?   B : _____
3. A : Tu pars à La Rochelle pour longtemps ?   B : _____
4. A : Tu pars à Lens pour longtemps ?   B : _____
5. A : Tu pars à Laon pour longtemps ?   B : _____

LECTURE

Hélas ! hélas ! hélas et beaucoup de fois hélas !
Qui regarde le soleil, hein ?
Qui regarde le soleil ? Personne ne regarde plus le soleil.

Jacques Prévert, (1900-1977), *Fleurs et Couronnes, Paroles.*

EXERCICES

6 Répétez.
1. Il pleut.
2. Il ne pleut plus.
3. Il plaît.
4. Il ne plaît plus.

⚠ Prononciation de « ne... plus » : la phrase est négative, le « s » de « plus » n'est pas prononcé.
* En style plus familier, on peut entendre : « Il pleut plus », ou « l' pleut plus » ou « l' pleut p'us » (voir p. 21).

7 Répétez. Dites bien l'enchaînement consonantique *(voir p. 15)*.
1. La salle semble illuminée.
2. La salle semble allumée.
3. La salle semble éclairée.
4. La salle semble aveugle.

8 A : *Tu attends Joël ?* B : *Oui, Joël a les clés !*
À vous ! Dites bien l'enchaînement consonantique *(voir p. 15)*.
1. A : Tu attends Joël ? B : _____
2. A : Tu attends Paul ? B : _____
3. A : Tu attends Cyrille ? B : _____
4. A : Tu attends Angèle ? B : _____

9 A : *Cet exercice est simple.* B : *Simple au début seulement.*
À vous ! Dites bien l'enchaînement consonantique *(voir p. 15)*.
1. A : Cet exercice est simple. B : _____
2. A : Cette explication est faible. B : _____
3. A : Ce parfum est agréable. B : _____
4. A : Ce film est horrible. B : _____
5. A : Cette histoire est trouble. B : _____

10 A : *Tu lis combien de journaux ?* B : *Un seul journal.*
À vous ! Dites bien le singulier des noms.
1. A : Tu lis combien de journaux ? B : _____
2. A : Tu laves combien de bocaux ? B : _____
3. A : Tu livres combien d'hôpitaux ? B : _____
4. A : Tu longes combien de canaux ? B : _____

ÉCRITURE

Trouvez les titres des Fables de Jean de La Fontaine (1621-1695).

La _ _ _ _ _ L _ et la Fourmi.

Le Rat des _ _ L L _ _ et le Rat des champs.

Le _ _ _ _ _ _ L et l'Âne.

L'_ _ _ _ _ _ _ _ L L _ et les Petits Oiseaux.

BAS-BAL / l /

EXERCICES

★★★

11 Répétez ces expressions. Dites bien l'enchaînement consonantique *(voir p. 15)*.

1. De fil en aiguille, j'ai su la vérité.
2. Ça m'a donné du fil à retordre !
3. Il se plaint d'avoir un fil* à la patte...
4. Il n'a pas inventé le fil* à couper le beurre !

12 Répétez. Faites bien la chute du / ə / et dites bien les consonnes géminées *(voir p. 18 et p. 19)*.

/ l / / lə /
1. Je loge. - Je le loge.
2. Je loue. - Je le loue.
3. Je liquide. - Je le liquide.
4. Je licencie. - Je le licencie.

13 A : *Je travaille pour un laboratoire.* B : *Quel laboratoire ?*

À vous ! Dites bien les consonnes géminées *(voir p. 19)*.

1. A : Je travaille pour un laboratoire. B : _____
2. A : Je vis près d'un lac. B : _____
3. A : Je loue un local. B : _____
4. A : J'utilise un logiciel. B : _____
5. A : Je dessine un logo. B : _____

14 A : *J'appelle le plombier ?* B : *Appelle-le, s'il te plaît !*

À vous ! Dites bien les consonnes géminées *(voir p. 19)* et le / ə / final tonique *(voir p. 18)*.

1. A : J'appelle le plombier ? B : _____
2. A : Je signale l'accident ? B : _____
3. A : Je calcule le bénéfice ? B : _____
4. A : J'installe le radiateur ? B : _____
5. A : Je colle le papier peint ? B : _____

* En style plus familier, le / l / de « s'il te plaît » n'est pas toujours prononcé *(voir p. 21)*.

LECTURE

Le tonnelier tonnèle
Le bourrelier bourrèle
Le soleil interpelle
Frappe un bouclier d'or [...]

Maurice Fombeurre (1906-1981),
Un Jour d'été.

39 LIT-RIZ   / l / - / R /

Au tintement de l'eau dans les porphyres roux
Les rosiers de l'Iran mêlent leurs frais murmures
Et les ramiers rêveurs leurs roucoulements doux.
Leconte de Lisle (1818-1894), *Poèmes barbares*.

Toutes les langues roulent de l'or.
Joseph Joubert (1754-1824), *Pensées*.

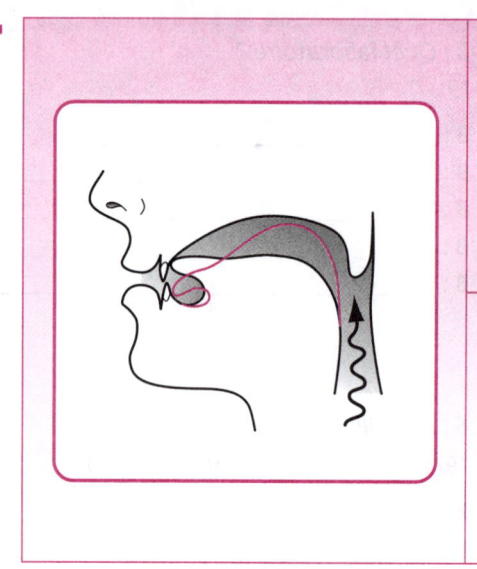

♪

/ l / - vibration des cordes vocales
  - consonne continue : **on entend l'air passer sur les côtés de la langue**
  - **pointe de la langue** immobile **en haut**, en avant

/ R / - vibration des cordes vocales
  - consonne continue : **on entend l'air passer sur l'arrière relevé de la langue**, et un bref battement de la luette
  - **pointe de la langue** immobile, **en bas**

⚠ Il y a plusieurs types de « r » en français. Les explications de cette leçon concernent le / **R** / le plus fréquemment entendu en France (dit « uvulaire »).

Vous pouvez étudier la prononciation du / **l** / p. 172 (**bas - bal**).
Vous pouvez étudier la prononciation du / **R** / p. 164 (**bas - bar**) et p. 168 (**barré - craie**).

✏️

/ **l** / s'écrit le plus souvent :	*l* *ll*	lit belle
/ **R** / s'écrit le plus souvent :	*r* *rr* *rh*	riz terre rhume

176 • cent soixante-seize

LIT-RIZ /l/ - /R/

EXERCICES

★

1 Répétez.

/l/ /R/
1. La rue.
2. La route.
3. Le riz.
4. Le rond.

2 A : C'est l'autobus des touristes ?   B : Non ; voilà leur autobus.
À vous ! Dites bien les deux groupes rythmiques *(voir p. 13)*.

1. A : C'est l'autobus des touristes ?   B : _____
2. A : C'est l'avion des touristes ?   B : _____
3. A : C'est l'hélicoptère des touristes ?   B : _____
4. A : C'est l'hôtel des touristes ?   B : _____

★★

3 Répétez.

/lR/
1. Il rêve ?
2. Il range ?
3. Il râle ?
4. Il rame* ?

4 A : Le bibliothécaire relit des documents.   B : Lesquels relit-il ?
À vous ! Dites bien l'intonation interrogative n° 2.2 *(voir p. 20)*.

1. A : Le bibliothécaire relit des documents.   B : _____
2. A : Il recueille des renseignements.   B : _____
3. A : Il réunit des informations.   B : _____
4. A : Il travaille des dossiers.   B : _____
5. A : Il recommande des livres.   B : _____

★★★

5 Répétez. Faites bien les chutes du /ə/ *(voir p. 18)*.
1. On peut le mettre. - On peut remettre.
2. On peut le prendre. - On peut reprendre.
3. On peut le descendre. - On peut redescendre.

6 A : Je le leur redis quand ?   B : Redis-le-leur lundi.
À vous ! Dites bien les /ə/ *(voir p. 18)*.

1. A : Je le leur redis quand ?   B : _____
2. A : Je le leur remets quand ?   B : _____
3. A : Je le leur répète quand ?   B : _____
4. A : Je le leur réclame quand ?   B : _____

* En style plus familier, on peut entendre « Redis-leur lundi » *(voir p. 21)*.

LECTURE   Les perles ne font pas le collier, c'est le fil.
Gustave Flaubert (1821-1880).

cent soixante dix-sept • 177

LES SEMI-VOYELLES OU SEMI-CONSONNES

> Les **semi-voyelles** ou **semi-consonnes** rappellent les voyelles par leur sonorité et les consonnes par le faible bruit de friction qui les accompagne. Elles sont émises plus rapidement que les voyelles (d'où leur nom de « semi-voyelles ») et ne vont pas jusqu'à produire un bruit de constriction (d'où leur nom de « semi-consonnes »).

VII

LES SEMI-VOYELLES OU SEMI-CONSONNES

Il en existe trois en français. Elles sont toujours accompagnées d'une voyelle.

• À l'initiale de syllabe ou après une consonne, ces sons très brefs ne forment qu'une syllabe avec la voyelle qui les suit[1].

    *h*u*it*   *o*u*i*   *y*eux

    *l*u*i*   *Lo*u*is*   *l*ieu

• À la fin d'un mot ou devant une consonne, le yod / j / ne forme qu'une syllabe avec la voyelle qui le précède.

    *pare*il   *pare*illement

| Symbole phonétique || Exemple | Leçon |
voyelles	semi-voyelles semi-consonnes		
/ y /	/ ɥ /	lui	p. 180
/ u /	/ w /	Louis	
/ i /	/ j /	lieu	p. 184

---

[1]. Sauf dans certains cas de diérèse dues à des variantes individuelles ou aux contraintes de la lecture poétique, voir p.12.

ÉCOUTE ET DISCRIMINATION

p. 180 /w/ - /ɥ/ enfoui - enfui   mouette - muette
Louis - lui   bouée - buée

✎ **Retrouvez : cochez le mot que vous entendez dans les phrases.**

1. enfoui	❑	enfui	❑
2. enfoui	❑	enfui	❑
3. mouette	❑	muette	❑
4. mouette	❑	muette	❑
5. Louis	❑	lui	❑
6. Louis	❑	lui	❑
7. bouée	❑	buée	❑
8. bouée	❑	buée	❑

40

p. 184 /j/ roux - rouille   tas - taille
sommet - sommeil   gentil - gentille

✎ **Retrouvez : cochez le mot que vous entendez dans les phrases.**

1. roux	❑	rouille	❑
2. tas	❑	taille	❑
3. sommet	❑	sommeil	❑
4. gentil	❑	gentille	❑

41

voulons - voulions   prenez - preniez
marchons - marchions   travaillez - travailliez

✎ **Retrouvez : cochez le temps que vous entendez dans les phrases.**

1. présent	❑	imparfait	❑
2. présent	❑	imparfait	❑
3. présent	❑	imparfait	❑
4. présent	❑	imparfait	❑

40 LOUIS-LUI   / w / - / ɥ /

Si on me presse de dire pourqu**oi** je l'aimais,
je sens que cela ne se peut exprimer, qu'en répondant :
« parce que c'était l**ui** ; parce que c'était m**oi** ».

        Michel de Montaigne (1533-1592), *Les Essais.*

Monsieur Mir**oi****r** marchand d'habits
est mort hier s**oi**r à Paris
Il fait n**ui**t
Il fait n**oi**r
Il fait n**ui**t n**oi**re à Paris.

        Philippe Soupault (1897-1990), *Funèbre.*

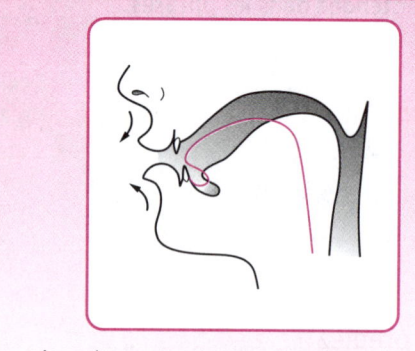

/ w / (comme un / u / très court)
     - langue très en arrière

/ ɥ / (comme un / y / très court)
     - langue très en avant

/ w / / ɥ / - lèvres très arrondies
         - bouche très fermée

Vous pouvez étudier la prononciation du / u / 40 (**faux - fou**), p. 50 (**roue - rue**) et p. 62 (**douzième - deuxième**).
Vous pouvez étudier la prononciation du / y / p. 46 (**vie - vue**), p. 50 (**roue - rue**), p. 54 (**du - deux**), et p. 96 (**une - un**).

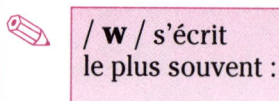

/ w / s'écrit le plus souvent :	- **ou** + voyelle prononcée dans la même syllabe orale - **o(i)** **o(in)**	*oui mouette* *moi loin*
/ ɥ / s'écrit le plus souvent :	- **u** + voyelle prononcée dans la même syllabe orale	*huit lui*

LOUIS-LUI /w/ - /ɥ/

EXERCICES

1 Répétez.

/w/ /ɥ/
1. Moi, je suis arrivé.
2. Moi, je suis à l'heure.
3. Moi, je suis en avance.
4. Moi, je suis en retard.

2 Répétez.

⚠ Prononciation de « huit » :
- « huit arbres » « huit » est suivi d'une voyelle, le « t » est prononcé.
- « huit grands arbres » « huit » est suivi d'une consonne, le « t » n'est pas prononcé.
- « Il y en a huit » « huit » est à la fin de la phrase, le « t » est prononcé.

1. Il y a huit arbres.   Il y a huit grands arbres.   Il y en a huit.
2. Il y a huit ours.   Il y a huit grands ours.   Il y en a huit.
3. Il y a huit oiseaux.   Il y a huit grands oiseaux.   Il y en a huit.

3 *A : Tu es là ?*   *B : Mais oui, je suis là.*
À vous ! **Dites bien toutes les syllabes** *(voir p. 12).*

1. A : Tu es là ?   B : _____
2. A : Tu es bien ?   B : _____
3. A : Tu es loin ?   B : _____
4. A : Tu es près ?   B : _____

4 *A : Tu vas parler à Jacqueline ?*   *B : Je dois lui parler.*
À vous ! **Dites bien un seul groupe rythmique** *(voir p. 13).*

1. A : Tu vas parler à Jacqueline ?   B : _____
2. A : Tu vas lui téléphoner ?   B : _____
3. A : Tu vas lui répondre ?   B : _____
4. A : Tu vas lui écrire ?   B : _____

5 *A : On doit voir Pierre.*   *B : C'est bien lui qu'on doit voir ?*
À vous ! **Dites bien les deux groupes rythmiques** *(voir p. 13).*

1. A : On doit voir Pierre.   B : _____
2. A : On doit croire Paul.   B : _____
3. A : On doit apercevoir Jean.   B : _____
4. A : On doit recevoir Thomas.   B : _____

LECTURE   Nous étions dans le noir et tu parlais d'espoir.

Roger Gilbert-Lecomte (1907-1943),
Le grand et le petit guignol.

cent quatre-vingt-un • 181

LOUIS-LUI /w/ - /ɥ/

EXERCICES

6 Répétez.

/w/ - /ɥ/
1. C'est pour Louis ? - C'est pour lui.
2. C'est chez Louis ? - C'est chez lui.
3. C'est à Louis ? - C'est à lui.

7 Répétez.

/w/ /ɥ/
1. Je crois qu'il fait nuit.
2. Je crois qu'il y a du bruit.
3. Je crois que c'est la pluie.
4. Je crois qu'il est minuit.

8 A : Tu es déjà venu en France ? B : J'y suis venu trois fois.
À vous ! Dites bien l'intonation assertive n° 1 *(voir p. 20)*.

1. A : Tu es déjà venu en France ? B : _____
2. A : Tu es déjà passé à Paris ? B : _____
3. A : Tu es déjà parti à la montagne ? B : _____
4. A : Tu es déjà descendu sur la Côte ? B : _____

9 A : Tu constitues les dossiers ? B : Je vais les constituer ensuite.
À vous ! Dites bien l'enchaînement vocalique *(liaison impossible n° 2, voir p. 17)*.

1. A : Tu constitues les dossiers ? B : _____
2. A : Tu continues les expériences ? B : _____
3. A : Tu distribues les produits ? B : _____
4. A : Tu diminues les doses ? B : _____
5. A : Tu évalues les résultats ? B : _____
6. A : Tu effectues les manipulations ? B : _____

10 A : Je dois écrire à mon frère. B : Pourquoi tu dois* lui écrire ?
À vous ! Dites bien l'intonation interrogative n° 2.2 *(voir p. 20)*.

1. A : Je dois écrire à mon frère. B : _____
2. A : Je dois mentir à ma sœur. B : _____
3. A : Je dois téléphoner à ma mère. B : _____
4. A : Je dois parler à mon père. B : _____

LECTURE

Ah ! l'automne est à moi,
Et moi je suis à lui,
Comme tout à « pourquoi ? »
Et ce monde à « et puis ? »

Jules Laforgue (1860-1887),
Le brave, brave automne.

LOUIS-LUI / w / - / ɥ /

EXERCICES

★★★

11 Répétez. Dites bien le nombre de syllabes *(voir p. 12)*.

7 syllabes   1. Tu as eu froid, toi aussi ?   8 syllabes   3. Tu as pris un fruit, toi aussi ?
8 syllabes   2. Tu as eu de la pluie, toi aussi ?   10 syllabes   4. Tu as entendu un bruit, toi aussi ?

* En style plus familier, on peut entendre / t ɥ a / ou même / t a / *(voir p. 21)*.

12   A : C'est aujourd'hui.   B : Je suis d'accord puisque c'est aujourd'hui.
À vous ! Dites bien deux groupes rythmiques *(voir p. 13)*.

1.   A : C'est aujourd'hui.   B : _____
2.   A : C'est en juillet.   B : _____
3.   A : C'est à huit heures.   B : _____
4.   A : C'est le huit juin*.   B : _____

⚠ Prononciation de « huit » : si « huit » est devant une voyelle, le « t » est prononcé ; si « huit » est devant une consonne, le « t » n'est pas prononcé ; le « h » est aspiré *(voir p. 17)*.
* En style plus familier, on peut entendre / ʃ ɥ i / *(voir p. 21)*.
* En style plus familier, on peut entendre / ʒ w / *(voir p. 21)*.

13   A : Qui conduira la voiture ?   B : Toi. Il faudrait que tu puisses la conduire...
À vous ! Faites bien la chute du / ə / *(voir p. 18)*.

1.   A : Qui conduira la voiture ?   B : _____
2.   A : Qui construira la maison ?   B : _____
3.   A : Qui détruira la cabane ?   B : _____
4.   A : Qui traduira la chanson ?   B : _____
5.   A : Qui produira l'émission ?   B : _____

14   A : Entrez !   B : Puis-je entrer tout de suite ?
À vous ! Dites bien l'enchaînement consonantique *(voir p. 15)* avec « je » *(voir p. 18)*.

1.   A : Entrez !   B : _____
2.   A : Avancez !   B : _____
3.   A : Expliquez !   B : _____
4.   A : Appuyez !   B : _____
5.   A : Approchez !   B : _____

LECTURE

J'étais insoucieux de tous les équipages, [...]
Dans les clapotements furieux des marées, [...]
J'ai rêvé la nuit verte aux neiges éblouies, [...]
La circulation des sèves inouïes.

Arthur Rimbaud (1854-1891), *Le Bateau ivre*.

⚠ Pour respecter le rythme de ces alexandrins (vers de 12 syllabes), les syllabes soulignées doivent être prononcées avec une diérèse *(voir p. 12)*.

41 BAS-BAIL-BAILLER　　　/ j /

Les soleils mouillés
De ces ciels brouillés
Pour mon esprit ont les charmes
Si mystérieux
De tes traîtres yeux
Brillant à travers leurs larmes.

Charles Baudelaire (1821-1867), *L'invitation au Voyage*,
Les Fleurs du Mal.

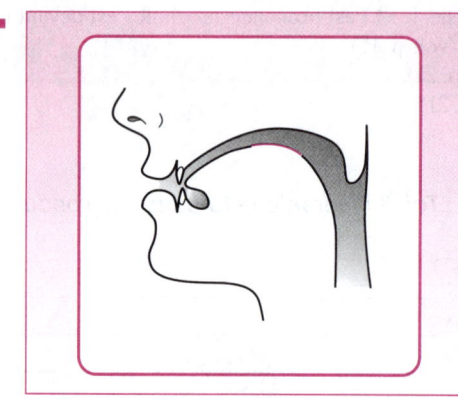

/ j /   (comme un / i / très court)
- langue très en avant
- dos de la langue relevé

Vous pouvez étudier la prononciation du / i / p. 26 (**prix - pré**), p. 28 (**il - elle**) et p. 46 (**vie - vue**).
Vous pouvez étudier la prononciation du / j / p. 142 (**les cieux - les yeux**).

⚠ En position finale, le / j / doit être prononcé **intégralement**, avec une légère explosion, due à la détente du dos de la langue.

/ j / s'écrit le plus souvent :	- quand / j / est une semi-voyelle :	- **i** + voyelle prononcée dans la même syllabe orale	*ciel*
		- **y** + voyelle prononcée dans la même syllabe orale	*yeux*
	- quand / j / est une consonne :	- voyelle + **il** final	*travail*
		- voyelle + **ill** + voyelle	*travaille*
		- 2 consonnes + **i** + voyelle	*crier*
		- consonne(s) + **ill** + voyelle ⚠	*bille brille*
		- voyelle + **y** + voyelle	*payer*

⚠ Exceptions : « ville, mille, tranquille,… » se prononcent / il /.

BAS-BAIL-BAILLER /j/

EXERCICES

1 Répétez. Dites bien la voyelle précédant le /j/.

/ i j / **1.** La fille.   / œ j / **3.** L'œil.
/ a j / **2.** Le travail.   / u j / **4.** Les nouilles.

2 Répétez : présent - imparfait. Dites bien le même nombre de syllabes *(voir p. 12)*.

1. Vous dormez. - Vous dormiez.   **3.** Vous vous couchez. - Vous vous couchiez.
2. Vous rêvez. - Vous rêviez.   **4.** Vous vous levez. - Vous vous leviez.

3 A : *Il y a combien de bouteilles ?*   B : *Il y a une seule bouteille.*
À vous ! Dites bien l'enchaînement vocalique *(voir p. 14)*.

1.   A : Il y a combien de bouteilles ?   B : _____
2.   A : Il y a combien de corbeilles ?   B : _____
3.   A : Il y a combien de feuilles ?   B : _____
4.   A : Il y a combien de pailles ?   B : _____

* En style plus familier, on peut entendre : « Y a... » *(voir p. 21)*.

4 A : *Quelle histoire !*   B : *C'est une vieille histoire...*
À vous ! Dites bien l'enchaînement consonantique *(voir p. 15)*.

1.   A : Quelle histoire !   B : _____
2.   A : Quelle affaire !   B : _____
3.   A : Quelle idée !   B : _____
4.   A : Quelle anecdote !   B : _____

5 A : *Allô ? Daniel ?*   B : *Daniel à l'appareil.*
À vous ! Dites bien les deux groupes rythmiques *(voir p. 13)*.

1.   A : Allô ? Daniel ?   B : _____
2.   A : Allô ? Juliette ?   B : _____
3.   A : Allô ? Martial ?   B : _____
4.   A : Allô ? Aliette ?   B : _____

LECTURE

Juillet ensoleillé
Remplit caves et greniers.
                                    Proverbe.

BAS-BAIL-BAILLER /j/

EXERCICES

6 Répétez.

/j/ /ɛj/   1. Aïe, j'ai mal à l'orteil !   /j/ /ij/   3. Aïe, j'ai mal à la cheville !
/j/ /ɛj/   2. Aïe, j'ai mal à l'oreille !   /j/ /œj/   4. Aïe, j'ai mal à l'œil !

7 Répétez : imparfait-conditionnel. Dites bien le nombre de syllabes *(voir p. 12)*.
     1. Nous mettions longtemps. - Nous mettrions longtemps.
     2. Nous descendions l'escalier. - Nous descendrions l'escalier.

8   A : Je paie l'addition ?   B : C'est nous qui la payons.
     À vous ! **Dites bien les deux groupes rythmiques** *(voir p. 13)*.

1.   A : Je paie l'addition ?   B : _____
2.   A : Je vois la gardienne ?   B : _____
3.   A : Je balaie la cuisine ?   B : _____
4.   A : Je nettoie la chambre ?   B : _____
5.   A : Je renvoie la facture ?   B : _____

9   A : Je serai revenu dimanche.   B : Soyez revenu la veille !
     À vous ! **Dites bien le /j/ final.**

1.   A : Je serai revenu dimanche.   B : _____
2.   A : Je serai de retour dimanche.   B : _____
3.   A : Je serai ici dimanche.   B : _____
4.   A : Je serai là* dimanche.   B : _____
5.   A : Je serai là-bas dimanche.   B : _____

10   A : Avez-vous encore des lentilles ?   B : Désolé, il n'y a plus de lentilles.
     À vous ! **Dites bien le /j/ final.**

1.   A : Avez-vous encore des lentilles ?   B : _____
2.   A : Avez-vous encore des volailles ?   B : _____
3.   A : Avez-vous encore des groseilles ?   B : _____
4.   A : Avez-vous encore de la vanille ?   B : _____
5.   A : Avez-vous encore des myrtilles ?   B : _____

* En style plus familier on peut entendre « y a plus » ou même « y a p'u » (voir p. 21).

LECTURE

Venise pour le bal s'habille
De paillettes tout étoilé,
Scintille, fourmille et babille
Le carnaval bariolé

                 Théophile Gautier (1811-1872),
                 Émaux et Camées.

BAS-BAIL-BAILLER /j/

EXERCICES

★★★

11 Répétez. Dites bien le / j / de ces subjonctifs irréguliers.
1. Pourvu qu'il aille mieux !
2. Pourvu qu'il veuille bien !
3. Pourvu qu'il ne faille plus rien !

12 Répétez : présent - imparfait. Dites bien les consonnes géminées *(voir p. 19)*.

/ j / - / jj /
1. Vous y veillez. - Vous y veilliez.
2. Vous y fouillez. - Vous y fouilliez.
3. Vous y fuyez. - Vous y fuyiez.
4. Vous y croyez. - Vous y croyiez.

13 A : *Il hésite à partir à Lyon.* B : *Mais qu'il y aille donc, à Lyon !*
À vous ! Dites bien l'enchaînement consonantique avec le / j / *(voir p. 15)*.

1. A : Il hésite à partir à Lyon. B : _____
2. A : Il hésite à partir à Niort. B : _____
3. A : Il hésite à partir à Dieppe. B : _____
4. A : Il hésite à partir à Liège. B : _____

14 A : *Vous croyez que je peux tutoyer Pierre ?* B : *Ça serait bien que vous le tutoyiez.*
À vous ! Dites bien les consonnes géminées du subjonctif *(voir p. 19)*.

1. A : Vous croyez que je peux tutoyer Pierre ? B : _____
2. A : Vous croyez que je peux renvoyer Ariel ? B : _____
3. A : Vous croyez que je peux surveiller Christian ? B : _____
4. A : Vous croyez que je peux payer Xavier ? B : _____

ÉCRITURE

Trouvez le nom correspondant au verbe.

Exemple : mouiller : le mouillage

mouiller : _____   habiller : _____   aiguiller : _____
gaspiller : _____   balayer : _____   outiller : _____
déblayer : _____   embrayer : _____   essayer : _____
nettoyer : _____   bafouiller : _____   brouiller : _____

LECTURE

Il n'est pas de Samedi
Qui n'ait soleil à midi,
femme ou fille soleillant
Qui n'ait midi sans amant !

Tristan Corbière (1845-1875), *Soneto a Napoli, Les Amours jaunes.*

LEXIQUE

A

AG* : Assemblée Générale
Aïe ! : exprime la douleur
air (avoir l') : sembler
Allez ! : D'accord !
appareil (à l'...) : au téléphone
aveugle : sans fenêtres

B

balader* (se) : se promener
beaujolais : vin produit dans la région de Beaujolais.
bec (tomber sur un)* : rencontrer une difficulté
ben (Eh)!* : Eh, bien !
berzingue* : vitesse
bien (+ adj. ou adv.) : beaucoup, très
bien (Eh) ! : marque une hésitation
bien : vraiment
blague (pas de) : encouragement à la prudence, au sérieux
blague : plaisanterie
bleu (bœuf) : bœuf peu cuit
bleu : sorte de fromage
bleue (fleur) : sentimental
bleue (heure) : juste avant le soir
bleue (peur) : grande peur
bluffeur* : personne qui tente de faire illusion
BNP : Banque Nationale de Paris (l'une des grandes banques françaises)
Bof... : exprime le découragement
bol* (pas de) : chance
Bon ! : marque la satisfaction
bon (Ah,)! : marque la surprise
bon (c'est) : ça va
bordeaux : vin produit dans la région de Bordeaux
bosser* : travailler
boulot* : travail
bouquin* : livre
bourgogne : vin produit dans la région de Bourgogne
branché* : à la mode
brevet : diplôme

C

ça (c'est) : exactement
ça (pas tant que) : pas beaucoup
causer : parler
CD : disque compact
cédérom : CDRom

chaîne (stéréo) : ensemble qui permet d'écouter des disques, des cassettes ou la radio
chantilly : crème fraîche fouettée
chiner : rechercher des objets anciens
chouette* : exprime l'enthousiasme
code : permet l'accès à un immeuble
comment (Et...)* : exprime l'approbation
Comment ? : exprime l'étonnement
con (avoir l'air)* : bête
cordes (tomber des...) : pleuvoir très fort
coup (sous le... de) : sous la menace de
coup (sur le... de) : immédiatement
courrier (par retour du) : immédiatement

D

débloquer* : dire des sottises
deuxième (au) : au deuxième étage
deuxième (dans le) : dans le deuxième arrondissement
dingue* : bizarre, fou
diriger : diriger un orchestre
Disons que... : Admettons que
dit (Ça ne me ... pas) : Je n'ai pas envie
draguer* : tenter de séduire
drôlement* : très

E

EDF : Électricité de France (responsable de la distribution de l'électricité)
embêter* : ennuyer
enquiquiner* : ennuyer
être d'un ou d'une... : être très

F

faire (+ adjectif) : paraître
fait (en)* : en réalité
faucher* : voler, prendre
femme (bonne)* : femme (péjoratif)
feu (coup de) : intense activité
fil à couper le beurre (ne pas inventer le)* : ne pas être très malin
fil à la patte (avoir un)* : être tenu par un engagement embarrassant
fil à retordre (donner du) : donner du souci
fil en aiguille (de) : petit à petit
Flûte ! : exprime l'impatience, la déception
foi (ma) : certes, en effet
foncer* : aller très vite
fort : bon, savant
foudre (coup de) : passion soudaine
froussard* : peureux

188 • cent quatre-vingt-huit

G

génial* : remarquable
grand'place : place principale d'une ville

H

Hein ? : Comment ?
hyper-* : très

I

imposable : qui doit payer des impôts

K

kiné* : abréviation pour « kinésithérapeute »

L

là* : ici
là-bas : plus loin qu'ici
le (+ nombre) : indique une date
lieu : poisson (d'Europe)

M

marrant* : drôle
mec* (mot d'argot devenu familier) : homme
même : exprime une progression, une gradation
météo : météorologie (service qui s'occupe de prévoir le temps)
Mince* ! : exprime l'étonnement, la surprise
moche* : laid

N

nana* : femme
nul* : sans valeur
numéro : spectacle

O

on : pronom indéfini
on* : nous

P

parler (Tu parles* !) : Tu plaisantes !
pédégé (pour *P.D.G.*) : Président Directeur Général
penser (Tu penses* !) : Bien sûr !
peu (sous) : bientôt
Pff : exprime le mépris
piston : recommandation
plein de...* : beaucoup de
poser : rester immobile

pourvu que : exprime un souhait
pub* : publicité

Q

quand même : cependant, pourtant

R

rabâcher : répéter continuellement
raide (tomber ... de)* : être très surpris
râler : manifester sa mauvaise humeur
ramer* : faire des efforts
rap : paroles récitées sur fond musical très rythmé.
RATP : Régie Autonome des Transports Parisiens (responsable de la circulation des bus et des métros)
repêcher* : sauver
restau* ou *resto** : restaurant
rêver (Tu rêves !) : Tu plaisantes !
rigolo* : amusant

S

santé (pour raisons de) : parce qu'on est malade
savoir (Tu sais !) : N'est-ce pas !
seul (un) : seulement un
si : oui (en réponse à une phrase négative)
SNCF : Société Nationale des Chemins de Fers (responsable de la circulation des trains)
spéléo : spéléologie

T

tas* (des ... de) : beaucoup de
tenir (à) : vouloir absolument
Tiens ! : exprime la surprise
tirer : reproduire par impression
tout à fait : absolument
trouver que : penser que
truc* (avoir un) : connaître une astuce
truc* : chose
type* : homme

V

Va ! : exprime un encouragement
va pour... : d'accord
veinard* ! : qui a de la chance
verlan : argot qui inverse les syllabes
vouloir bien : accepter
Voyons ! : exprime la désapprobation
VTT : vélo tous terrains

Z

zut* : exprime le dépit, la colère.

INDEX

A

abréviations 39
ACCENT **13**, **20**
accent aigu 33
ACCENT D'INSISTANCE **13**
accent grave 33
adjectifs possessifs 37, 38, 39, 137
adverbes 91, 103, 129, 171
alexandrin 49, 183
allitérations 140
ALPHABET PHONÉTIQUE **24**, **113**
ARTICULATION DES VOYELLES **22**
ANTICIPATION VOCALIQUE **112**
APERTURE **24**
Apollinaire (Guillaume) 46
Aragon (Louis) 123, 156
ARCHIPHONÈME **23**
argot 127, 131
ASSIMILATION **19**, 113, 119, 123, 127, 137, 141, 147
ASSOURDISSEMENT **19**
Aubigné (Agrippa d') 138
aucun 61, 99
aucune 99

B

Balzac (Honoré de) 63
Baudelaire (Charles) 12, 111, 141, 184
Beauduin (Nicolas) 144
Beaumarchais (Pierre Caron de) 125
Beckett (Samuel) 149
Bosquet (Alain) 62
Bossuet (Jacques Bénigne) 75
Brassens (Georges) 89
Brel (Jacques) 61, 94
Bruant (Aristide) 35

C

Calet (Henri) 97
Carco (Francis) 96
Carmouche 117
Cendrars (Blaise) 104, 151

cent 107
Césaire (Aimé) 27
ceux-là 55
chacun 98, 99
chacune 98
Chamfort (Sébastien-Roch) 81
Char (René) 168
Chateaubriand (René de) 76
Chaulieu (Guillaume, abbé de) 103
CHUTE DU / ə / **18** et dans toutes les unités
Cingria (Charles-Albert) 116
cinq 86, 101, 102, 110, 127, *130*, 161
Cioran (Émil Michel) 134
Claudel (Paul) 99
Colardeau (Charles-Pierre) 87
Colette (Sidonie Gabrielle) 130
combien (adv. interro.) 110, 111, 117, 126
comment (adv. interro.) 91, 107
comparatif 33, 39, 53, 63
conditionnel 32, 48, 170, 171, 183, 186
CONSONNES **112**
CONSONNES CONSTRICTIVES **113**, **132**
CONSONNES GÉMINÉES **19**, 99, 107, 111, 119, 123, 127, 131, 137, 141, 147, 153, 163, 171, 175, 187
CONSONNES OCCLUSIVES **112**, **114**
CONSONNES SONANTES LIQUIDES **158**
CONSONNES SONANTES NASALES **158**
CONSONNES SONORES (douces) **113**, **114**, **132**
CONSONNES SOURDES (fortes) **113**, **114**, **132**
Corbière (Tristan) 187
Corneille (Pierre) 49, 62, 92, 108

D

dé- (préfixe) 76
de plus en plus 49
DÉNASALISATION **82**, 87
DÉSACCENTUATION **13**

Desnos (Robert) 26, 35, 50, 106
DÉTENTE FINALE **112**
deux 55, 56, 59, 60, 61, 63, 64, 65, 67, 68, 69
Devos (Raymond) 31
DICTION POÉTIQUE **12**, **17**, **19**, **183**
Diderot (Denis) 65
DIÉRÈSE **12**, 183
dix 140, 161
dont 95
douze 64
du 55, 57
Duchamp (Marcel) 32
Duras (Marguerite) 80

E

ÉGALITÉ SYLLABIQUE **12**
ÉLISION **18**, 151, 183
elle 29
en 49, 53, 64, 67, 90, 91, 97, 99, 102, 103, 106, 107, 110, 123, 130, 140, 162
ENCHAÎNEMENT CONSONANTIQUE **15** et dans toutes les unités
ENCHAÎNEMENT VOCALIQUE **14** et dans toutes les unités
eux 57, 59, 61, 63, 65, 69

F

féminin 29, 32, 45, 79, 81, 97, 98, 99, 121, 122, 128, 129, 130, 136, *173*
Ferrat (Jean) 127
Flaubert (Gustave) 177
Florian (Jean-Pierre Claris de) 50
Folquet de Marseille 86
Fombeurre (Maurice) 175
Forêts (Louis-René des) 36
Fort (Paul) 89
Franc-Nohain 37
François Ier 134
futur 27, 94, 106, 107, 169, 170
futur proche 31, 135, 156, 165, 182

G

Gainsbourg (Serge) 100, 136
Gautier (Théophile) 160, 186
Gide (André) 57, 128
Gilbert-Lecomte (Roger) 181

H

H ASPIRÉ **17**, **18**, 39, 43, 52, 60, 103, 105, 183
Hugo (Victor) 29, 64, 118
huit 161, 181, 183

I

il 29
ils ont 133, 139, 140
ils sont 133, 139, 140
im- (préfixe) 163
imparfait 31, 32, 77, 143, 171, 185, 186, 187
impératif 27, 64, 68, 71, 72, 73, 76, 77, 79, 80, 81, 89, 91, 93, 102, 103, 110, 118, 121, 123, 126, 131, 135, 146, 153, 155, 170, 173, 175, 177, 186
in- (préfixe) 87, *103*, 163
indicatif 130
INTONATION **20** et dans toutes les unités
Ionesco (Eugène) 109

J

Jacob (Max) 165
Jarry (Alfred) 172
Joubert (Joseph) 72, 171, 176

L

La Bruyère (Jean de) 124
La Fontaine (Jean de) 33, 116, 150, 174
La Rochefoucauld (François de) 73
Labé (Louise) 120
LABIALISATION **22**
Labiche (Eugène) 148
Laforgue (Jules) 166, 182

Le Tellier (Hervé) 98, 102
Leconte de Lisle (Charles Marie Leconte dit) 176
LETTRES MUETTES **11**, **16**
LIAISON **15**, **16**, **17**, **21** et dans toutes les unités
Loti (Pierre) 52
lui 29, 181, 182

M

Macé (Gérard) 108
Mallarmé (Stéphane) 56, 157
Marbeuf (Pierre de) 164
Marot (Clément) 68
masculin 29, 32, 45, 79, 81, 97, 98, 99, 122, 129, 136
Michaux (Henri) 91
Michon (Pierre) 161, 168
MODE D'ARTICULATION **113**
Molière 59, 170
Montaigne (Michel de) 180
Montherlant (Henri de) 95
Musset (Alfred de) 26, 43

N

ne... plus 47, 48, 52, 57, 73, 174, 186, 187
neuf 136, 137
ni...ni 162
nombres 55, 56, 59, 64, 65, 67, 68, 86, 95, 101, 102, 107, 110, 111, 127, 129, 130, 131, 136, 137, 139, 140, 153, 161, 170, 181
Norge (Géo) 172
Nougaro (Claude) 150
Nouveau Testament 71

O

onze 17, 95
ORTHOGRAPHE **11**

P

Pascal (Blaise) 61
passé composé 31, 32, 33, 48, 55, 75, 76, 107, 140
passé récent 123
passif 33, 35, 140
Pef 51
Péguy (Charles) 152
Perec (Georges) 126
Perros (Georges) 144, 160
Picasso (Pablo) 145
Pinget (Robert) 123
Plassard (Marie-Christine) 33
pluriel 25, 35, 38, 67, 71, 73, 128, 129
plus 47, 56, 140
POINT D'ARTICULATION **24**, **114**, **132**, **158**
Ponge (Francis) 131
préfixes 52, 76, 77, 87, 103, 163, 165, 166, 167, 177
prépositions 60, 65, 111
présent 48, 55, 75, 76, 77, 123, 165, 185, 187
Prévert (Jacques) 88, 173
pronoms possessifs 38, 39, 57, 110, 149, 177
Proudhon (Pierre) 78
Proust (Marcel) 38

Q

quand (adv. interro.) 91, 107, 122, 126, 151
quand (conj.) 105, 106, 122
quatre-vingt 136
quelqu'un 98
quelques-uns 97
Queneau (Raymond) 138, 147, 148
Quignard (Pascal) 110

R

Rabelais (François) 127, 154
Racine (Jean) 17, 40, 46, 140, 163
re- (préfixe) 52, 76, 77, 165, 166, 167, 177
Renaud 57
Rimbaud (Arthur) 28, 183
RIME **29**, 33, 48, 57, 61, 90
Roché (Henri-Pierre) 53
Ronsard (Pierre de) 39, 58, 77
Rostand (Edmond) 164
Rutebeuf 123

cent quatre-vingt-onze • 191

S

Saint-Exupéry (Antoine de) 139
Sandoz (Maurice) 36
SEMI-CONSONNES **178**
SEMI-VOYELLES **178**
Senghor (Léopold Sédar) 122
singulier 35, 67, 71, 73, 129, 174
six 140, 161
Solaar (MC) 128, 160
SONORISATION **19**
Soupault (Philippe) 137, 180
Stendhal 135
STYLE FAMILIER **19**, **21**, 35, 38, 39, 41, 47, 48, 49, 52, 55, 56, 57, 59, 61, 68, 69, 71, 72, 73, 75, 79, 80, 81, 89, 94, 101, 109, 117, 119, 121, 123, 127, 130, 131, 137, 147, 151, 157, 161, 165, 170, 173, 174, 175, 177, 183, 185, 186
STYLE NATUREL **21**
STYLE SOUTENU **17**, **19**, **21**
subjonctif 69, 115, 128, 130, 136, 140, 143, 163, 167, 183, 187
superlatif 68, 117
Supervielle (Jules) 154
SYLLABES **12**

T

Tardieu (Jean) 74, 142
TENSION ARTICULATOIRE **22**, **112**
tous (adjectif) 41, 43
tous (pronom) 43, 63, 141
Trassard (Jean-Loup) 152
Trenet (Charles) 54, 79, 84

U

un, une (adj. num.) 17
un (pronom) 97, 98, 99, 103
une (pronom) 49, 53, 97, 99

V

Valéry (Paul) 119, 140, 143
verbes pronominaux 31, 141, 156, 185
Verlaine (Paul) 67, 85, 142
verlan 69
VIBRATION DES CORDES VOCALES **22**, **112**, **113**, **114**, **132**
vingt 86, 101, 102, 110, 111, 136
vingt (composés) 68, 86, 102, 110, 130, 131, 136
VOISEMENT **19**
VOYELLE INTERMÉDIAIRE **23**
VOYELLES **22**
VOYELLES NASALES **82**
VOYELLES ORALES COMPOSÉES **44**
VOYELLES ORALES SIMPLES **24**

Y

y 47, 49, 143, 182, 187